U0813408

自主创新丛书
Indigenous Innovation Series

[日]野中郁次郎 [日]胜见明 著
Ikujiro Nonaka Akira Katsumi
洪欣怡 译

创新的智慧

Innovation

企业变革的奇迹故事

中国出版集团 東方出版中心

图书在版编目（CIP）数据

创新的智慧：企业变革的奇迹故事 /（日）野中郁次郎，（日）胜见明著；洪欣怡译. —上海：东方出版中心，2022.10

ISBN 978-7-5473-2064-8

Ⅰ. ①创… Ⅱ. ①野… ②胜… ③洪… Ⅲ. ①企业创新—案例—日本 Ⅳ. ①F279.313.3

中国版本图书馆 CIP 数据核字（2022）第 162853 号

上海市版权局著作权合同登记：图字 09-2021-0612 号

INNOVATION NO CHIE by Ikujiro Nonaka, Akira Katsumi
Copyright © 2010 by Ikujiro Nonaka, Akira Katsumi.
All rights reserved.
Originally published in Japan by Nikkei Business Publications, Inc.
Simplified Chinese translation rights arranged with Nikkei Business Publications, Inc. through CREEK & RIVER Co., Ltd.

创新的智慧：企业变革的奇迹故事

著　　者　[日] 野中郁次郎　[日] 胜见明
译　　者　洪欣怡
丛书策划　刘　忠
责任编辑　沈旖婷
装帧设计　钟　颖

出版发行　东方出版中心有限公司
地　　址　上海市仙霞路 345 号
邮政编码　200336
电　　话　021-62417400
印 刷 者　山东韵杰文化科技有限公司

开　　本　890mm×1240mm　1/32
印　　张　8.375
字　　数　155 千字
版　　次　2022 年 10 月第 1 版
印　　次　2022 年 10 月第 1 次印刷
定　　价　48.00 元

版权所有　侵权必究
如图书有印装质量问题，请寄回本社出版部调换或拨打021-62597596联系。

自主创新丛书
编辑委员会

总顾问：顾淑林　胡志坚　吴晓波

编　委（以姓氏笔画为序）：

毛照昉　天津大学管理与经济学部副主任，教授

刘　忠　东方出版中心原总经理，编审

李纪珍　清华大学经济管理学院副院长，教授

吴晓波　浙江大学社会科学学部主任，教授

陈　劲　清华大学技术创新研究中心主任，教授

胡志坚　中国科学技术发展战略研究院院长，研究员

柳卸林　中国科学院大学创新创业研究中心主任，教授

顾淑林　中国科学院科技战略咨询研究院研究员

高世楫　国务院发展研究中心资源与环境政策研究所所长，研究员

高旭东　清华大学经济管理学院教授，清华大学苏世民书院首席教授

梅永红　碧桂园副总裁

梁　正　清华大学中国科技政策研究中心副主任，教授

游光荣　军事科学院研究员

蔡锦江　深圳市智慧家庭协会会长，深圳智慧湾科技有限公司董事长

魏　江　浙江大学管理学院院长，教授

执行编委（以姓氏笔画为序）：

王彦敏　中国科技体制改革研究会理事，新场学院创始人

刘　畅　钛禾智库创始人

孙　喜　首都经济贸易大学工商管理学院企业管理系副主任，副教授

陈　光　中国科学学与科技政策研究会秘书长

李晓梅　天津大学管理与经济学部副教授

李瑞清　华大学公共管理学院助理研究员

金　珺　浙江大学管理学院副教授

封凯栋　北京大学政府管理学院副教授

眭纪刚　中国科学院科技战略咨询研究院创新发展政策所副所长，研究员

戴亦欣　清华大学公共管理学院政治与公共政策所副所长，副教授

出版者的话

党的十八大明确提出："科技创新是提高社会生产力和综合国力的战略支撑，必须摆在国家发展全局的核心位置。"进入新发展阶段，面对中华民族伟大复兴战略全局和世界百年未有之大变局，面对日趋复杂激烈的"贸易战"和"技术战"，如何突破"卡脖子"技术，实现科技自立自强，已成为事关我国生存和发展的关键问题。

党的十九届五中全会通过的《中共中央关于制定国民经济和社会发展第十四个五年规划和二〇三五年远景目标的建议》进一步提出，"坚持创新在现代化建设全局中的核心地位，把科技自立自强作为国家发展的战略支撑"。

策划出版这套"自主创新丛书"，旨在为我国科技的自立自强和创新型国家建设提供强有力的智力支持和精神动力。丛书包括政策研究、理论研究、创新实务、创新普及四个系列，通过系统介绍经典和前沿的理论、方法、工具和优秀案例，为政府创新政策制定者和实施者、大学工程技术及科技与经济管理专业师生、科研院所研究人员、企业管理者和研发人员，以及广大读者提供权威的指南和实务参考。

我们认为，在经济全球化的背景下，我国的自主创新必须也必然是开放合作条件下的自主创新。丛书将在系统推出国内创新成果的同时，积极引进出版国际上经典和前沿的创新著作。

随着中国进入现代化建设新阶段，我国经济已进入高质量发展时期。改革开放四十多年的实践产生了一批具有中国特色的优秀创新管理理论成果，中国特色的创新制度体系和理论体系正逐步形成并在全球产生日益重要的影响。同时，越来越多的优秀创新型企业以其卓越的产品和服务向世界展示中国的崭新形象。认真而系统地组织和筛选优秀理论成果和实践案例，向世界讲好中国的创新故事，是我们的责任。

我们邀请了中国科学院科技战略咨询研究院研究员顾淑林，中国科学技术发展战略研究院院长、研究员胡志坚，浙江大学社会科学学部主任、教授吴晓波等国内从事创新政策、创新理论研究的知名学者以及优秀青年学者、企业家，组成了丛书编辑委员会，进行丛书的选题论证策划和学术把关，以期能够确保丛书的出版水平，保证高质量地满足读者的需要。

作为中国出版的“国家队”——中国出版集团的一员，我们将竭尽所能高质量地做好丛书的编辑和出版工作。

丛书将分辑出版。第一辑包括《牛津创新手册》《剑桥创造力手册》《创新的先知：熊彼特传》《研发组织管理：用好天才团队》《用户创新：提升公司的创新绩效》等精品力作。

期待丛书的出版能为我国的现代化建设和新时期高质量发展，

为我国科技自立自强和创新型国家建设，起到助推的作用，竭尽一份绵薄之力。

东方出版中心

2021 年 3 月

目 录

前　言

能够通过创新（变革）取得巨大成果的领导者是怎样看待事物、怎样思考、怎样行动的呢？本书中我们将从人与组织的观点来把握巨大成功中所共通的“创新的本质”。同时，我们将以现实案例为基础，将组织领导者身上特有的“知识方法”以故事的形式加以描绘并展示出来。这是我们——专攻管理学的研究者野中和以记录文献为职业的记者胜见——在 2002 年相遇之后，以“跨界比拼”的方式坚持合作的课题。

从那以后，我们在日本各地走访取材，2004 年将成果整理成书，出版了著作《创新的本质》。书中指出，从把企业管理或商务场景管理作为“知识”切入点的“知识创造理论”观点出发，把优秀成功案例中共通的知识方法提取出来，通过员工之间的共享，会产生不同的组织类型。并且，书中还对日本企业或组织特有的类型做了分类介绍，获得了一定的好评。随后，在 2007 年，我们提取了创新中共通的“知识性技法”，出版了《创新的行动》。

之后，采访的旅程还在继续，但近几年我们特别关注领导者们的判断力。这是一种在持续不断的行动中，解读当时的语境和关系，做出最佳判断的能力。说到领导者需要具备的条件，之前人们就认为领导者必须具备决断力，也就是做出决策的能力。

现在，能更及时做出判断的能力似乎更为重要。这个能力在美国也受到关注，奥巴马总统常常使用“判断”这个词。关于判断，也许只要算法（计算步骤）或程序设计正确，计算机就能做出正确的判断，但在现场抓住个别具体微观现象背后的本质，结合普遍意义上的宏观概念进行判断，这一点是只有优秀的领导者才能做到的。这就是实践性智慧，是源于“实践知识”的能力。

这种实践知识到底是什么呢？这是本书需要探讨的主要课题。

创新原本是从现场的归纳方法中产生的。美国式最初的理论或模型，利用演绎、逻辑分析的推导方法是不会产生创新的。因此，在美国商学院无论怎样进行 MBA（工商管理硕士）教育，都无法培养出创新的核心领导者。

创新是在现场由领导者的实践知识带来的。正因为如此，我们需要在现场与领导者直接接触，通过面对面的交流，探寻他们每个人身上融入骨血的知识。实践知识很多都是隐性知识，有一部分是无法用语言来表达的。即使我们问出了其中能用语言表达的显性知识，也仍然会有很多无法用语言表达的部分。对于这部分内容，我们只能用一个完整的故事来讲述。

本书介绍的成功案例分为“故事篇”和“解说篇”，对于无法用语言表达的隐性知识，我们通过起承转合的故事本身告诉读者“在这样的时刻、这样的场合、对这样的人采取这样的行动，会带来这样的结果”。这是本书的一大特点。

在这 8 年期间，我们到处走访取材，北至北海道，南至鹿儿岛，获取了 50 多个创新案例。其中不仅包含企业的成功案例，还包含 NPO（特定非营利组织）的社会商业创新，这大概是时代发展的一大趋势吧。

这次，我们从中选取了 9 个实现“奇迹般变革”的成功案例，它们的领导者拥有的是惊人的判断力和执行决策的压倒性行动力。

在车站中掀起热潮的 ecute[1] 策划者为了将“经过的车站”转变为“聚集的车站”，通过“地狱式的 MD 会议”彻底锻炼了年轻员工。

被称为“死亡之湖”的日本第二大湖——霞浦的污染在不断加剧。当时，致力于霞浦再生的 NPO 法人领导者，表演了“融合”的绝技，在不破坏现存社会纵向边界的情况下，将学校、行政机构、渔业协会、林业合作社、农民、物流、大型企业等所有主体联合起来，构筑了总动员人数达 17 万人的庞大网络。如今，他们正在试图寻找通往“朱鹮飞舞之乡”的道路。

丰田 iQ 车型实现了“组装革新”，虽然全车长度比轻型车短 40 厘米，但是可以容纳三个大人和一个孩子。它的开发负责人在

[1] JR 东日本集团推出的车站内零售开发项目。——译者注

意大利的地方机场看到了某个一般人容易忽略的场景，由此迸发了灵感。并且在开发过程中，他毫不犹豫地采取了一律不向反对派的管理人员展示试验品的非常手段。

东京银座一名以出租大厦为业的管理人员，在他看到蜜蜂振翅的瞬间，决定在银座大厦的屋顶上养殖蜜蜂，这就如同“南美洲的蝴蝶扇动翅膀，可以引起美国的龙卷风”所表现的“蝴蝶效应”一样，银座的蜜蜂振翅与日本各地的都市再生行动联系在一起，实现了“偶然的必然化”。

登场的主人公们并不是能力超凡的管理者，在项目取得巨大成果之前，他们并没有获得过特别的关注，也并没有获得过特别多的资源和权限。

但是，他们身上有一点不输给任何人，那就是拥有“为社会、为他人”“做善事”的根本想法。我们也可以称之为“共同善[1]”（common good）。

在这种想法的支撑下，他们凭借判断力和行动力，创造出了凝聚众人力量的场景，完成了宏大的事业。也许他们就是在居酒屋里，在你的邻桌和员工们互相敬酒的普通人。但正是这样的领导者，他们所说的话或讲述的故事才能唤起读者的共振、共感、共鸣，才能唤醒读者潜意识里隐藏的实践知识。

每一次完成采访踏上归途的时候，笔者都会回味从实现创新

[1] 共同善是伦理学的重要范畴，可以理解为共同体的内在目的及其实现。——译者注

的领导者那里刚刚听到的故事，并进行这样的对话。

野中："啊……真有意思啊。"

胜见："是的，真的太有意思了。"

野中："嗯……这真是个非常了不起的人物啊。"

胜见："是的，真的太了不起了，我都感动了。"

越是打动人心的故事，就越需要通过这样的对话来确认彼此的感动。本书就是为了把这种感动传达给读者，因为我们相信，只有感动这种积极的心理，才是读者吸收新知识的巨大原动力。

本书所提及的变革成功的领导者身上共通的知识方法和现有领导力理论的切入点略有不同。

- 从"理论性三段论法"到"实践性三段论法"
- 从"物质思维"到"事件思维"
- 从"先思考后行动"到"在行动中深入思考"
- 从"以名词为基础"到"以动词为基础"，等等

本书从"围绕我们的世界并不是一成不变的，而是经常变化发展、流动和变迁的"这个角度切入，在这一前提下，以无比重视每一次判断和行动的管理理论为基础，对所追求的领导者的理想状态进行说明。在重视过程的意义上，这种管理理论也被称为"过程理论"。

21 世纪已经过去 10 年，现在提出重视过程这种独特的切入点，说明我们重新审视以往在世界范围内广泛传播的美国式管理理论的时机即将到来，我们一直在追寻的通过融合东西方知识创

造新范式的做法也不再是毫无希望的。（与“综合一切知识”中的“综合”相区别，本书将在更高的维度、更真实的意义上使用“综合”这个词。）

另外，本书之所以特别关注变革的领导力是因为我们意识到了这样一个问题：现有的范式（尤其是美国式范式）倾向于“理论性三段论法”和“物质思维”，导致了许多领域发展的停滞，为了改变这种状况，我们应该在此时向大众展示领导者身上所需的实践知识。

美国式管理学对物质进行固定、理性的分析，不知不觉中造成了缺乏概念的做法泛滥，为创造新知识的知识管理戴上了枷锁，这一现状不容忽视。

另一方面，实际上对于日本人来说，“实践性三段论法”“事件思维”“在行动中深入思考”“以动词为基础”等知识方法本来就是比较熟悉的事物。在东方的历史文化和风土人情中原本就蕴含着事物不断变化的过程思维，其典型例子就是《平家物语》中所体现的诸行无常、盛衰荣枯的世界观。此外，佛教中也蕴含着万物流转的根本思想。

下面我们就来介绍一则具有代表性的小故事。著有《夏目漱石的谋略》等作品的语言学者熊仓千之认为，日语经常是主观的，具有“现在、这里”的特点，称为具体性语言。例如，用英语描述“冷水”的时候，是指水自身具有“冷”的特性；而用日语描述“冷水”的时候，是指“自己”这个主体所感知到的水温是冷的。此时被称为“冷水”的并不是水这一物质本身，而是水和自己产生关系的时候所表现的特点。也就是说，英语使用“物质思维”，以名词为基础；而日语使用“事件思维”，以动词为基础。

如今，在知识方法的范式亟须转变的时候，正需要在日本从事各种各样商业活动的众多领导者承担起这份责任。笔者认为，对过程理论较为熟悉的日本领导者们，不应该在长期经济不景气的环境中萎靡不振，而是应该向世界推出新的知识制造模式以取代源自美国的模式。更重要的是，笔者相信承担这一重任的文化DNA已经深深根植于我们的血脉之中。

管理学家彼得·德鲁克在《后资本主义社会》中预测了未来的知识社会，书中论述道：21世纪，“知识是唯一具有意义的管理资源”，组织不再以物质或信息为前提，而是把知识作为前提。从这个观点来看，我们正处于必须对组织进行重新思考的转换期。此外，精通日本文化的德鲁克在《日文版序言》中认为，“比起其他任何国家、任何读者，本书对于日本和日本人来说恐怕具有特别的意义”“关于本书所论述的核心变化之一——向知识社会过渡，日本已经在许多方面有了最为充足的准备”。可见，他对日本抱有极高的期待。

在这种情况下，知识已经不仅仅是数据或信息的汇总，而是通过思考和实践与自身融为一体的物质，其源泉是人的信念和想法。知识社会就是这样，创造知识的知识资本——人类的创造能力，才是企业竞争力的源泉，是最有价值的资产。

在知识社会里，制造的形式会发生巨大变化。人们需要的不是能用“数量”计算的物质本身，而是能衡量其中包含多少知识的“质量”。“质量”是由制造者所创造的情境（意义）所决定的，当买方在这种情境中感受到共鸣的时候，就会觉得有价值。可以说，在知识社会中，制造不仅仅是单纯的“物质制造”，还是具有故事性的“事件制造”。这时，把“冷水”当作事件而不是物质的日本式 DNA 就会成为巨大的资产。

本书所揭示的变革的领导者掌握的知识方法也和日本式 DNA 有着相似之处。读者也会在阅读推进的过程中感受到共鸣。在此基础上，把迄今为止从外部获取的西方知识和从内部产生的东方知识融合在自己身上，抓住契机，有助于成长为一个更伟大的领导者。

所谓“一即多，多即一”（个体存在于整体之中，整体存在于个体之中）是本文中提到的东方思想，是指个体和整体保持平衡，使组织发挥最大力量的状态。

西方原本也有“一即多，多即一”（One for all，all for one）的类似概念，这句话出自 19 世纪法国作家大仲马的名作《三个火枪手》，是主人公达达尼昂与三位火枪手缔结友情的场景中出现的语言。

如果把我们——野中、胜见，还有这 8 年期间与我们一起开展采访之旅的编辑荻野进介三人比作三个火枪手，那么读者就是主人公达达尼昂。

我们希望能为每天在工作中挥洒汗水的人们带来鼓励。这是我们见面以来，外出采访时一直怀抱的想法。几年前，在九州山间的黑川温泉采访时，我们围坐在地炉旁，一边喝酒一边聊天。胜见问道："您为什么会持续研究管理学这门学问呢?"野中回答："因为我还是希望日本的经济、企业以及在其中工作的人们能变得更有活力。"这样的场景至今仍历历在目。

本书即将开始的是"知识之旅"，我们将和读者一起重温我们沿途追寻、四处走访的日本创新之旅。作为领航人，我们只有一个任务，那就是力求在本书中也能做到"一即多，多即一"。

本书中所出现的各事例的"故事篇"由胜见撰写，"解释篇"由野中担任主笔，胜见也以适当的方式进行了补充。此外，序章和最后的结语由野中描绘轮廓，野中和胜见分别对内容进行了填充和修饰。

对于每个案例，作者都不是从批判的角度看待的，而是通过与采访对象的共振、共感和共鸣，跨越时空去追寻同样的场景，这来源于作者们与生俱来的积极开朗的气质。

书中的 9 个案例是为《职业（*Works*）》[1] 中刊登的连载《成功的本质》（至今仍在连载中）而进行的采访，此次重新组成单行本，修改了大量内容。这些案例都不是对题材的系统收集，而是以读者关心程度、社会关注度、话题性等为标准进行筛选的，

[1] 由瑞可利职业研究所创办、围绕人和组织的管理学专业杂志，双月刊。

由野中、胜见和编辑荻野负责确定素材。另外，登场人物的头衔等原则上都使用了与当时工作相关的描述。

作者们不受连载篇幅的限制，充分自由发挥，从企业开拓新事业、动物园和学校的变革、地区振兴、环境保护、残疾人支援等广泛的领域中成功挑选出了许多熠熠闪光的事例。如果没有瑞可利职业研究所的大久保幸夫所长、《职业》编辑部的主编（工代将章、高津尚志、小山智通）的支持，涉及多方的采访之旅就无法实现。此外，在信息提供方面，商业杂志《总裁（*President*）》编辑部的今井道子、小仓健一两位先生给予了莫大的帮助。特别是精通写作、自己作为独立撰稿人的荻野先生更是发挥了不可替代的作用。

在知识创造理论的探索方面，通过和野中的同事——一桥大学名誉教授兼哈佛大学商学院教授竹内弘高、中央大学商学院教授远山亮子、多摩大学研究生院教授兼 KIRO 酒店代表绀野登、多摩大学研究生院教授兼福莱国际传播咨询日本法人合作伙伴德冈晃一郎以及金泽大学研究生院教授平田透——的共同研究，本书的内容变得更有深度。在文献资料收集和图表绘制方面，得益于一桥大学研究生院国际企业战略研究所助手村井敬子的及时帮助，我们的工作才能不断提速。

在本书出版之际，继上一本书《创新的本质》（2004 年出版）之后，我们再次向日经 BP 出版社的黑泽正俊先生表示诚挚的感谢。同时，在稿件不可或缺的采访数据处理上，多媒体兼软经济公司（Mediamix & Softnomics）的记录员大泽优子、阪上成美、坂上都子、濑川清、千叶佳寿子、藤平润子、山田仁子等人也付出了努力。

同时，我们要向一直以来在生活中从身心两方面支持我们的家人表示衷心的感谢。

最后，我们必须把最诚挚的谢意送给那些欣然接受蜂拥而至的采访者并如实讲述一切的登场人物，也就是那些进行变革的领导者。他们从正面迎接了胜见像蚂蚁一样细致入微的反复提问，接受了野中像老鹰一样一边从上空俯瞰一边向下俯冲的尖锐提问。我们想把此书献给这些一心一意投身工作的人。

野中郁次郎

胜见明

2010 年 9 月

序章｜

老牌企业的挑战：成立“脱藩浪人组织”，实现“维新”

□ 丰田召回问题的背景：“两种时间”的失衡

2010年新年伊始，丰田汽车的大量召回（回收、免费修理）问题一下子就在日本和美国之间点燃了一把火。尤其引人注目的是如今已成为丰田代表车型的混合动力车普锐斯的刹车问题。

丰田的混合动力车代表了日本汽车技术的高水平和创新性。正因为如此，召回问题带来了巨大冲击。

召回的原因是与刹车控制有关的问题。拥有电动机和引擎两种动力来源的混合动力车，除了具有和一般汽车相同的油压制动外，还有将动能转化为电能来减速的再生制动系统。这是一项对提高燃油经济性有着重要作用的技术。通常在路面上减速的时候，需要同时使用油压制动和再生制动。

另外，在冻结或湿滑的路面上，如果强行刹车，那么轮胎会被锁死。为了防止汽车滑行及方向盘失灵，放松刹车的防抱死刹车系统（ABS）会不顾驾驶者的意愿自行启动。

以普锐斯为例，当ABS启动时，汽车会从油压制动和再生制动并用转换为只用油压制动。此时，制动力下降，相应地，制动距离可能会比驾驶者预测的停车距离更远。

也就是说，将ABS和再生制动这两种复杂而高级的系统联动起来、堪称丰田技术精华的部分出了问题。

为什么会出现这样的问题呢？在向美国众议院的听证会事前提交的证词内容中，丰田章男社长对原因进行了如下说明。

首先，丰田先生对丰田原本的“品质管理思想”进行了阐述：“无论是我自己还是丰田，都绝对不是不会失败的万能存在。我们有时会发现缺陷或经历失败，这种时候，我们会暂时停下脚步，彻底调查原因然后做出修正和改善。（中略）通过反复改进，然后为世界提供更加优质的商品，这是创业以来我们最重要的基本思想。”

在此基础上，他对本次召回问题的原因进行了说明：“在过去的几年内，丰田急剧地扩大了业务范围，老实说，我觉得它的发展速度有点太快了。原本丰田经营的优先顺序是（1）安全，（2）品质，（3）数量，但是现在这种优先顺序被打乱了。我们失去了停下脚步思考如何改善的时间，忽视了倾听消费者心声以做出更好商品的态度，一直在追求超过人或组织成长速度的经济效益。对于这一点，我们应该认真地反省。”

这段证词表明，丰田公司中存在的“两种时间”的绝妙平衡，从某一时刻已经开始崩塌。

□ 时间分为“时钟时间”和“适时时间”

时间具有两面性。一种是总以相同速度流动、能用时钟测量的客观数量，即“时钟时间”；另一种是人类直观地或者从心理上感受到的“适时时间”，它表现出很强的内在性和主观性。

“时钟时间”是有规律的，而“适时时间”是不规则的，甚至可逆的。在爵士乐和戏剧中看到的即兴表演就是“适时时间”的典型。

同样是一分钟，“时钟时间”和“适时时间”的意义完全不同。例如，日本某大型知名企业的经营者有过这样的经历。这名经营者年轻的时候爱好跳伞。某次跳伞时，在距离地面不到30秒的空中，他遇到了这样的事。在最初的十几秒钟内，他正常下落。在距离地面1 200米左右的时候，他拉动了降落伞的绳子，但是，降落伞却打不开。距离地面越来越近了，就这样掉下去恐怕会死。就在那时，他的手抓住了另外一根绳子，用力一拉，备用伞打开了，他度过了九死一生的时刻。

那名经营者说：“在下落的过程中，我虽然有过情绪波动，但没有考虑自己生命的安危，而是一直在回想接受训练时的情景。一秒钟非常长久，我从来没有像那时候一样觉得时间是那么漫长。”

这位经营者就是三菱重工的大宫英明社长，是他通过纵向组织的横向联结推动了公司的重大改革。大宫先生下落过程中的一秒，这个一秒不是能够用数据测量的“时钟时间”，而是为了活着降落到地面，即兴做出的判断和行动，关乎质量的“适时时间”。

● 时间具有两面性

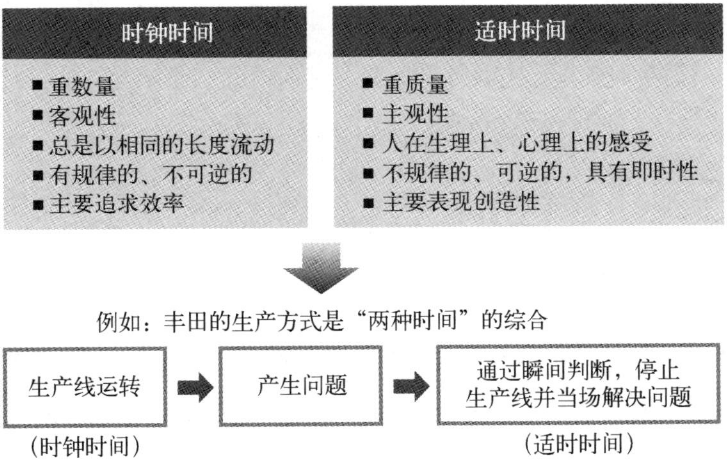

时间的两面性在经营中也是重要的概念。资本主义的传统生产方式是一味地以“时钟时间”为轴发展起来的。一般来说，在企业经营中如何缩短固定业务所需的“时钟时间”是最大的课题，被称为效率追求。

另一方面，时常需要做出判断的管理属于能感知准确时机的适时时间范畴。在优秀的知识创造型企业中，这里的“两种时间”是并存的，完美地融合在了一起。

其中典型的例子就是丰田的生产方式（TPS 丰田生产系统）。在 TPS 中，生产线的运转是由“时钟时间”管理的，杜绝浪费，在必要的时候尽可能准时地生产必要的东西。但是，一旦发生问题，通过人的瞬间判断暂停生产线，反复询问五六遍“为什么”，谋求问题解决的过程也被纳入了系统。停止生产线是产生问题之后做出的判断，应该在此时探寻真正的原因（本质上的原因），找到最完善的解决办法。在找到真正的原因之前，一个劲地追问“为什么”也是为了做出最好的判断。这就是“适时时间”的世界。

“时钟时间”和“适时时间”的结合支撑着丰田整体的品质管理思想。这就是丰田社长在美国众议院听证会的证词中所说的“我们有时会发现缺陷或经历失败，这种时候，我们会暂时停下脚步，彻底调查原因然后做出修正和改善。（中略）通过反复改进，然后为世界提供更加优质的商品，这是创业以来我们最重要的基本思想。”但是，从某个时期开始，公司开始追求数量上的急速扩张，这速度太快了，以至于人们失去了停下脚步思考如何改善的时间。因为过度追求数量的扩张，人们会以“时钟时间”的效率性为先，从而失去了在“适时时间”的世界中全力追求改善的创造性，“两种时间”的平衡被打破了。可以说，以本次召回事件为契机，能在多大程度上回归“适时时间”的世界，与丰田的重生之路息息相关。

与丰田共同作为日本企业代表的知识创造型企业佳能也在追

求这“两种时间”的平衡。过去在生产现场采用的传送带方式，其目的是通过标准化作业以及科学分工的管理方法实现“时钟时间”的减少。佳能将这种方式转变成了一个人或者少数人完成全部产品组装工序的单元生产方式。在单元生产方式中，每当你发现问题，自己就可以寻找最佳的解决方式。适时地发挥创造性，生产效率也会得到提升。

此外，佳能公司的管理层每天都会花一个小时举行没有特定议题的“早会”，出席者很自然地参加会议。因为全体董事都聚集在此处，所以如果有什么课题提出，就可以适时地开展即兴讨论，通过课题的共享，能够迅速做出经营判断，采取相应措施。乍一看，这种会议在“时钟时间”上似乎是一种浪费，但在“适时时间”的世界里，它却提升了经营效率。

人是不能只依靠“时钟时间”生活的。诞生于美国的科学管理法过度倾向于削减“时钟时间”，忽视了人的创造性。创造的能量仅凭对“时钟时间”的思考是无法产生的，只有将“适时时间”和“时钟时间”结合起来，效率性和创造性才能并存。

这里，举一个结合“两种时间”实现企业大变革的某老牌企业的例子。

□ 仅由新员工组成“合法脱藩浪人组织”的老牌企业

为了打破体制僵局，坂本龙马等“脱藩浪人”通过探索新的价值，转动了时代的齿轮，产生了明治维新。有的企业向这段历史学习，在公司内部引入“脱藩浪人”推进改革，其中就有创业百年的内田洋行公司。

内田洋行公司拥有办公家具、学校教材、信息资讯相关的3个部门，并长期坚持事业部制度，但是如果一直以销售为中心，就会被大环境的变化所淘汰。公司需要转换商业模式，肩负这一使命、代替世袭领导者登场的是向井真一社长（自2008年7月21日起担任会长）。

在同期中，他是唯一一个从工作第一年开始就反复借调和派驻在地方的人，快40岁的时候回到了公司总部。他一回来就在电脑销售领域崭露头角，被任命为公司最年轻的董事。1998年，接受了因陷入赤字而辞职的上一任社长的提名，在51岁的时候他就任了社长。当他意识到公司的危机，正要开始对纵向意识过强的事业部制度进行改革的时候，听到了来自公司外部的评价：“你们公司的年轻人真厉害呀！”

其实那时候，有一名骨干员工正一意孤行地进行某种尝试。这名骨干员工加入公司10多年，在大阪分店从事软件开发工作，他一直对东京总公司的官僚体制心怀忧惧。随后，在终于回到总部工作后，他将下属的9名技术新人派遣至先进的客户单位常驻，努力让他们掌握最新的技术。

这种行为就像是幕府末期，全国各地的志士来到江户，但政府认为国内没有能让他们学习的东西，所以把他们送去海外留学。外界对年轻员工的评价传到了向井先生的耳朵里。

向井先生在这里做出了打破常规的决定。即使想要推翻现有的纵向事业部制度，也会遇到强大的阻力，很难顺利推进。因此，他转变了思路，只召集还没有受到旧体制影响的年轻员工，建立了完全脱离现有管理架构的独立组织。

2001 年 7 月，被向井先生称为“合法脱藩浪人组织”的新一代解决方案研发中心正式成立。那年的全部新员工 38 人，进公司第二年的“留学组”员工 9 人被分配到该中心，唯一一个能够独自行动的骨干员工担任中心负责人，负责管理。

令人惊讶的是，他采取了禁止与事业部进行一切交流的“绝缘政策”。向井先生说：“我告诉新员工们，绝对不要接近公司里的大叔们，中心负责人也不例外。一旦发现有人在员工食堂和旧识吃饭或者出席事业部的会议，我就立刻让他离开。”

这个由合法脱藩浪人组成的独立组织终于给内田洋行带来了维新的风潮。

□ 重要的是给年轻人一个“不得不思考的空间”

合法脱藩浪人的独立组织是作为 IT 系组织成立的，其中也不乏许多文科出身的人。他们刚刚大学毕业，没有相应的知识和技能，不能接触到任何现有的组织，这样的话，就只能到公司外面去了。合法脱藩浪人们被要求在客户的尖端项目里常驻 1—2 年，从学徒开始独自掌握最新的技术。

不久之后，等待这些年轻员工成长归来的是只靠独立团队开创的新事业，交给他们的课题是“普适计算环境（无论何时何地都可以轻易与计算机网络连接）的具体化”。具体项目必须由他们自己考虑，预算也有限制。

他们和现公司内部组织之间断绝关系的状态还是和以前一样，于是，员工们为了寻找共同开发的对象，再次离开公司。特别是很多人去了大学的研究室，因为那里形成了以研究室为核心的网络，既有热衷开发的企业、研究所等，也有彼此无利害关系，但聚集在一起的各类人才。

对员工们来说，最大的收获是可以在创造新价值的地方互相切磋。如果一直待在公司里，是无论如何都无法体验到这一点的。

这一举动也得到了公司高层向井先生的支持。员工们和共同开发对象一起，一产生想法就立即制作模型，并且为了“可视化”，在公司内设立了工作室。为了防止干扰，这个工作室也严禁无关之人进入。

新项目一个接一个地开展。和庆应大学共同开发的组合式信息空间装置“Smart PAO”向教育机构和企业等供货约 40 套，销售额达 4 亿日元。

团队与 JR 东日本共同开发创造了站内引导服务装置的概念模型“Cochira”。它由触摸面板和上方的指向装置构成，当把记录了目的地的西瓜卡[1]放在读取位置时，指向装置就会显示前进方

---

[1] 西瓜卡（Suica）是日本一种可再充值、非接触式的智能卡，兼储值车票及电子钱包功能。——译者注

向，使用者可以按其所指的方向前进，这就是它的运行机制。这个成果在普适计算的国际学术会议上发表，引起了广泛的关注。

在组建独立团队的时候，事业部方面因为没有新战斗力的加入而强烈反对。但是，如果新员工们被分配到了事业部，那么内田洋行就不可能开展这些新事业了。以高层权限控制事业部的向井先生这样说道：

“现有的组织只是部分最优而不是整体最优，它更倾向于过去的延续而不是未来的发展。我希望新员工们能成为独立思考并给出答案的人。世界上从来不会有人因过度思考而死亡，对于我们来说，重要的是创造一个年轻员工能认真思考的空间。”

□ 不是通过“改建”而是“重建”来变革组织

就这样，仅由年轻人组成的独立团队不断积累业绩，在成立第 5 年的 2005 年 7 月，终于解除了绝缘政策。

此后，事业部也可以处理独立团队开发的普适计算项目。作为其象征，公司将位于东京江东区潮见的办公室的某一楼层全部征用，设立了展示企划的客户简报中心，向公司内外展示可视化的开发成果。

参观者蜂拥而至，超出了预期。其中值得关注的是，经常能见到事业部的人邀请客户，并向他们介绍自己公司最先进的技术。认可的企业还开始向他们提出了“如果是内田洋行的话会怎么想?”等咨询类的项目。

向井先生说道：“如果合法脱藩浪人发现的新价值被世人所认可，那么原有事业部的大叔们也会转移到那里。我们的目标就圆满实现了。”此外，他们还取得了意料之外的巨大成果，随着公司的措施被广泛宣传，前来应聘的应届毕业生类型也发生了变化。“这里和其他公司不一样”“我自己也想挑战一下”，有这样意愿的应聘者越来越多，让人事负责人感到惊讶。

不是瓦解旧组织的“改建”，而是创建新组织，通过“重建”实现一飞冲天。向井先生这样描述企业的一系列变革过程，他说他切身感受到了自己公司的商业模式正在发生巨大的变化。

“在这个商品泛滥的时代，客户也不知道自己想要什么。因此，我们需要为他们提供一个发现新价值的场景，让他们觉得和这家公司结成联盟（协同合作）会很有趣。这就是我们所追求的从商品销售中心脱离的新一代商业模式。正是因为有了这些‘思考尖兵’年轻人的活跃表现，这种模式才得以实现。”

□ 综合“两种时间”，实现“二次创业”

内田洋行的这种企业变革充分体现了“时钟时间”和“适时时间”的差异。

按商品分类的事业部制度和以此为基础的销售体制一直受以“时钟时间”为先的文化影响，它们的目标是将组织结构分层，逐层分解目标，进行分工，以提高“时钟时间”的效率。因为单纯从商品销售的角度很难体现差异性，所以不得不向效率性倾斜。

向井先生就任社长后，虽然一开始也压缩了膨胀的负债，加快了财务体制的改革，但这基本上只是量的改革，没有超出从“时钟时间”角度提高经营效率的范围。仅仅这样并不能激发创造力。

因此，他在由“时钟时间”支配的现有管理体制之外，建立了一个完全不同的组织——新一代解决方案研发中心。最出色的一点是，机构下属的全部都是不受时钟文化浸染的新员工。给年轻员工的任务只有一个，那就是“建立第二个内田洋行”。

他们在肩负同一个使命的同时，为了找到“自己现在应该做什么”的答案，与公司外部的各种网络建立联系，不断挑战新的事业。这是一个综合彼此知识、创造新价值的世界，是与阶层型组织形成鲜明对比的“场景的世界”。

在特定的时间和空间与他人共享某种关系，这就是场景。作为创造力的知识，不仅仅存在于个人内部，还来自通过各种各样的相互作用，和他人共享情景的动态场景。在这里，我们追求的不是“时钟时间”上的效率，而是“适时时间”上的准确判断。独立团队的年轻员工们一直在“适时时间”的世界里增强力量。

● 内田洋行的组织变革

综合“两种时间”，实现“二次创业”

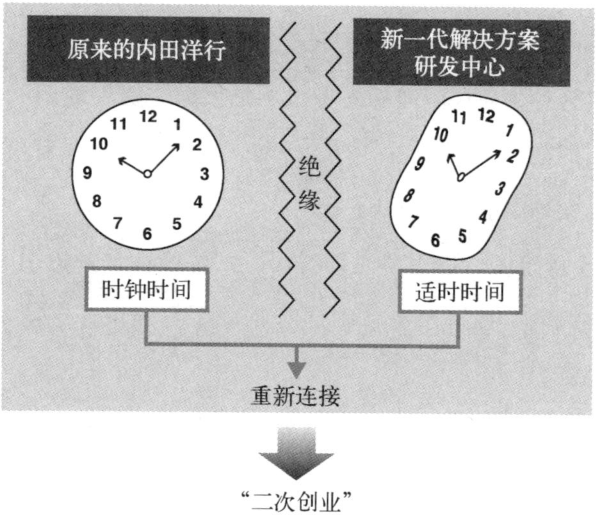

在内田洋行的案例中，另外值得一提的是，在仅由新员工组成的新组织完全成长起来之前，他们一方面实施对外开放，另一方面为了不被原有组织瓦解，对内采取了封锁政策，将“茧化”贯彻到底。不是在“时钟时间”上对新员工进行有效的教育，而是培养他们在“适时时间”的世界里创造新价值的能力。

不久，待年轻人成长起来之后，他们择机解除了封锁。之后，让由“时钟时间”支配的现有组织和按照“适时时间”运行的新组织相遇，准备好两者协作的场景，并将客户引入其中。

在这个协作的场景中，他们在和客户共享“适时时间”的同时，及时发现连客户自己也没意识到的需求，并在“时钟时间”的运行中将它实现。这就是“第二个内田洋行”的存在方式。它将只有“时钟时间”流逝、以商品销售为中心的公司变成了一个综合“两种时间”的场景创造公司。

正因为身为高层的向井先生也不是根据“时钟时间”，而是按照“适时时间”进行判断，做出行动，所以这一点才有可能实现。这种领导变革的能力非常出色。

在21世纪，一边用“时钟时间”锻炼腰腿，一边用“适时时间”做出判断，在搭建平台的同时调动所有知识，这就是人们所追求的经营。

那么，在“适时时间”的世界里，我们应该如何做出判断和行动呢？

在一切都可以量化的“时钟时间”的世界里，也许仅凭借计算机就能做出决定。但是，为了解读当时的关系和情境，及时做出准确的判断，需要的是实践性智慧，也就是实践知识。探索实践知识的存在方式是本书一贯的主题，因为这决定了一切变革的成败。

下面，我们将在第一章至第六章主要介绍9个“奇迹般的变革”案例，从中提炼出变革领导者身上特有的思维行为模式之精华。

第一章介绍的是“三段论”的根本性转换。从这一点上，我们能够看到如今变革所需的领导力的全貌。

第一章 |

掌握“实践性三段论法”而不是“理论性三段论法”

序　言

这几年来，有两个典型的成功案例被称为“奇迹”，它们分别是“奇迹的动物园”和“堀川的奇迹”。一个是日本最北端的动物园——旭川市立旭山动物园戏剧般的复活，另一个是创立超过百年、以悠久历史著称的京都市立堀川高等学校大学入学成绩惊人的突破（公立大学合格人数一年内从6人跃升至106人）。两者的共通点是园长和校长都显示出了卓越的变革领导力。本章将要介绍其中第一个特点“实践性三段论法”。

“实践性三段论法”指的是“一个应该达到的目标”“实现该目标的方法”“为了实现目标应该采取的行动”，然后在现实中真正实施行动。与此相对的是逻辑推理中的“理论性三段论法”。

当我们进行变革的时候，为什么从“目的”到“方法”再到“行动”的“实践性三段论法”如此重要呢？为什么追求逻辑正确性的“理论性三段论法”无法实现变革呢？我们通过对两者进行比较，来探讨变革领导者所需要的条件。故事就从北国动物园严冬的景象开始说起。

案例一 动物园的奇迹——旭川市立旭山动物园

通过“目的×方法×行动”实现“日本第一”，奇迹般的复活是从零预算开始的！

◆故事篇

这里是北海道旭川市。一群国王企鹅在被大片白雪覆盖的园内道路上缓慢行走，这是坐落在日本最北端的市立旭山动物园寒冬时一道靓丽的风景。原本生活在人类活动区域之外的国王企鹅对人类毫不畏惧，威风凛凛地向前行进。在它们前行的方向，道路两边挤满了游客，不时地发出阵阵欢呼。

在北极熊馆，用玻璃板隔开的水槽这边人头攒动，体型庞大的北极熊朝着这边游客所在的方向，“扑通”一个猛子扎进水里。此时，它们把观众当作了自己的食物——海豹，做出野生动物本能的行为。人们享受着这种乐趣，被北极熊带来的压迫感以及水浪中起伏的游泳姿势所震撼。

在旁边的海豹馆，当海豹每一次穿过玻璃圆柱形水槽时，周围的游客都会发出“哇”的欢呼声。海豹的好奇心非常强，它们在水中追逐鱼类，以飞快的速度四处游窜，当它们穿过圆柱形水槽看见人类时，就会出于好奇心而靠近。有意思的是，对面的人类也一样。

从动物园的坡道往上走，路的尽头就是猩猩馆。这里既没有铁笼也没有玻璃和木板，眼前只矗立着一面需要仰视的高墙。猩猩父子抓住被钉在各处的凸起物和柱子之间缠绕的绳索，像杂技演员一样跳来荡去。猩猩一生中的大部分时间都生活在树上，它们的爬树技能令游客惊叹、欢喜。此外，这里没有让猩猩落脚的地面，因为没有必要。

夏天，隔壁空中运动场的猩猩空中散步项目非常有名。两座高达 17 米的塔柱相隔十几米，中间用 H 型钢材质的柱子和粗壮的绳子连接。如果在一边的柱子下方放置食物，猩猩就会从另一边的柱子上巧妙地用手脚支撑身体，为了食物开始攀越绳索。此时，在正下方观看的游客就会一齐鼓掌欢呼。

以这种方式激发并展示动物本能的方法叫“行动展示”，这是旭山动物园独创的方法。这里没有熊猫、海獭之类特别珍奇的动物或热门的物种，有的只是所有动物园都有的普通动物，但是它们的行动展示受到了人们的好评，吸引全国游客纷至沓来。

在 20 世纪 90 年代中期，旭山动物园 1 年的入园人数降到了史上最低值 26 万人，面临关闭危机。但是在 10 年后的 2007 年，入园人数增至307万人，达到了之前的12倍，直逼日本国内排名第一、在规模上具有压倒性优势的上野动物园（2006年的入园人数是350万人）。按月份看，旭山动物园的入园人数还有好几个月超过了上野动物园。此外，众所周知，旭山动物园因被媒体称为“日本第一的动物园”而备受关注，并且以《奇迹的动物园——旭山动物园》为题被拍成了电视剧。

要点1：需要训练的“技能”和不需要训练的“行动展示”之间的区别

为什么行动展示会如此让观众兴奋，如此受欢迎呢？它最大的特征是“没有强制作用”。小菅正夫作为兽医工作多年，在担任园长后（2009年退休）推动了旭山动物园的改革，他这样说道：

“企鹅的散步也是如此，如果在我们打开门之后，一只企鹅都没有走出来，那么这一天的行动展示就失败了。但是，这种情况一次都没有发生。虽然最初让企鹅散步是为了缓解它们在冬季的运动不足，但对于像国王企鹅一样原本就喜欢走路、总想着散步的企鹅来说，我们只是为它们提供了帮助。”

猩猩的空中散步也是。据说，在运动场竣工的第二年，来自广岛市安佐动物园的一头体重达140千克的巨型公猩猩竟然展示了从空中穿行而过，对此就连工作人员都感到意外。因为它在出生后的20年间，从来没有爬过3米以上的高度。但来到这里1个月后，它在看到母猩猩爬上去的时候，自己也爬了上去。

小菅说道：“行动展示的关键在于是否需要训练。黑猩猩能骑自行车，但是必须经过训练，因此骑车是一项技能而不是行动展示；出生后 20 年从没爬过树的猩猩，不用训练就能爬上去，这是因为爬树是它所拥有的生物本能。猩猩上半身发达，下半身无力，几乎不能走路却善于爬行。通过观察物种的这些固有行为，我们就能明白它们身体特征存在的意义，这就是所谓的行动展示。”

要点 2：重新审视自己“存在的意义”就能有所“发现”

旭山动物园也曾经把动物关在笼子里，展示它们在姿态、形状上的差异，进行传统的“形态展示”。它向被称为“奇迹”的“行动展示”转变的契机是 20 世纪 80 年代后期，当时市政府的负责人对担任饲养员组长的小菅说：“再这样下去，动物园就要关门了。”

确实，动物园的入园人数在 1983 年达到峰值（60 万人次）之后，每年都在持续减少。这是毕业于北海道大学兽医学部的小菅第一次面对这样残酷的现实，过去他一直都把喜欢的动物当作对象进行研究，认为“没有比这更幸福的工作了”。

与此同时，动物园的设施正在老化，市政府却并不准备提供相应的预算。我们应该怎么办呢？在入园之初，抱有危机感的小菅就在饲养员之间定期举行的学习会上，和同伴们一起尝试着摸索解决方案。

我们应该关注的不是眼前的对策，而是要重新审视自己存在的意义。

“动物园是什么？”“它为什么而存在？人们为什么会来这里？”

在重新思考这些问题的过程中，有一天，他听到了一名观众在观看动物时的小声低语：

“……你们被束缚了自由，真可怜啊。本来是想在平原上多跑几圈的吧……”

人类会将自己的情感映射到眼前的动物身上。过去，人们看见在动物园里躺着的狮子，会半开玩笑地说：“你们可真好啊，躺着就能得到食物。”这虽然投射出人们为了生存而不得不拼命工作的状态，但也恰当地反映了时代所需的勤奋与充实。

这一次，他听到了“你们被束缚了自由，真可怜啊”的悲悯声。

“哪里不幸了？没有饥饿，可以接受治疗，还能长寿，这不是和人类一样幸福吗？”小菅站在饲养员的角度进行了反驳。

但是有一次，突然有一个疑问涌上心头。动物们有生存下去的快乐吗？

小菅说：“动物也有自己生存的目的，其终点就是繁衍后代。朝着这个目标，它们为了维系自己的生命而持续进食。它们把一天所有的活动时间都用于实现这个目标，并且在目标达成的时候感到喜悦。但是，在动物园里，它们只是被动地接受食物，除了被喂食的30分钟，在24小时中剩下的23小时30分钟里，它们什么也不能干。我意识到，这对它们来说是一种巨大的折磨。”

这个发现极大地改变了小营和他同伴们的想法。

人们来到动物园，看见无所事事的动物感到“不幸”，难道不是因为身为观众的自己也没有活出自我吗？在这种关系中，只要人们认为“动物是可怜的”，那么动物园就没有存在的意义。

“动物园难道不应该将动物原本的生存姿态真实地展现出来，并借此鼓励人们振作起来吗？关系到动物园的存亡，我们必须摆脱使动物们陷入痛苦境地的固有形象。大家下定了决心。”

从这种意识转变开始，他们采取了新的行动。

要点 3：将“理想的动物园”画成草图，使其“可视化”

既然没有预算就苦思冥想吧。小营和同伴们聚集在一起，提出了进一步缩短观众和动物之间距离的想法。包括围绕饲养员负责的动物，结合日常生活中身边的话题，用自己语言描述的“要点介绍”；更进一步地展现喂食情景的“咀嚼时间”；用饲养员下功夫将自己想要传达的内容制成的“手写宣传卡片”代替价格昂贵的说明板；观看夜行性动物形态的“夜间动物园”；宣传杂志制作；亲子动物教室；等等。在产生了这些想法之后，他们一个一个去执行。

像这样，在构思的过程中，小营和现任园长坂东元以及后来转行为绘本作家的安倍弘士等主要成员的脑海中逐渐浮现出了“理想的动物园”的形象。

他们想要创造一个能让动物们按自己的意志行动发挥自己本

能的环境。观众感受到的生命力是来自动物按自己的意志自由行动的瞬间，这一点只有真实的事物才能传达。这种真实感与珍惜孕育生命的自然生态系统及地球环境的想法紧密相连。

就这样，“传递生命的动物园”这一梦想，以及为了实现这个梦想的20张设施设计草图诞生了。“理想的动物园”这个隐性知识（用语言等无法表达的知识）以草图的形式被可视化，以显性知识（可以用语言、图表等表现手段表达的知识）的形式展现出来。这个草图和之后的新设施建设具有紧密的联系。

可是，尽管工作人员付出了努力，但入园人数没有丝毫增加的迹象，反而还在继续减少。即便如此，他们也没有放弃，没有停止努力，小菅说这是“为了多争取一个伙伴”。

“虽然市长和议员们掌握着动物园存亡的大权，但是选举他们的市民才是动物园的使用者。因此，我一直对大家这么说：我们正在做的这个‘传递生命’的尝试需要很多伙伴。只要好好结交伙伴，就算市长提出关闭动物园的议案，议会也会否决。如果议案没有被否决，那么市民们也许会发起抗议运动，也许会在下次选举的时候将它推翻。如果找不到这样的伙伴，那么我们关于旭山动物园的设想就无法实现。就这样，我认真地思考，并在心底发誓绝不放弃。”

坚持到底绝不放弃。小菅说，这种想法起源于大学时代，来自他在柔道部整日练习的体验。当时每年最大的活动就是旧帝国大学七校争霸赛，通称为“七帝战”（国立七所大学柔道冠军大赛）。北海道大学的柔道部一直是最后一名，甚至被称为“垃圾北大”。被任命为主将的小菅决心使它蜕变为“胜利的柔道部”。

他们的目标是在大学的最后一个夏天在京都大会上取得胜利。然而，北海道大学的学生在决战之前就败给了京都的闷热。于是，小菅在练习的时候，关闭了柔道馆的全部窗户，热气形成的桑拿状态把队员们逼到快要缺氧的极限，在这样的情况下，他们进行反复的高强度训练（从第二年开始，这般严酷的特训就被禁止了）。那一年，他们最终进入了决赛，虽然最后输给了京都大学，但并没有留下遗憾。

他们做了所有力所能及的事。即使这样，如果市民还是说不需要动物园，那么责任就由他们自己承担。这些关系到动物园存亡的努力，终于引起了人们的共鸣，随着影响范围的逐步扩大，终于迎来了收获的日子。

要点 4：如果没有一次又一次的积累，就不会有“奇迹”发生

1994 年的夏天，园内的动物因感染裂头蚴病而死亡。动物园一度被迫关闭，重新开园后游客也没有回流，1996 年创下了历史最低入园纪录。在这种情况下就任园长的小菅，有一天被叫去了市政府，等待他的是 1994 年当选市长的菅原功一。

两个人单独面对面，在对方的询问过程中，小菅滔滔不绝地表达了自己对动物园的诉求。他们想要告诉大家，任何动物都是

生命的容器，生命应该从感知开始，而不是从教导开始。约定的时间是 30 分钟，然而在谈话结束的时候已经过了 2 个小时。

“市长自己也想要创造一个珍惜生命的社会。如果没有那次相遇，我们脑海中想过的事情就无法实现了。”小菅说。

市议会中支持派议员的当选也起到了推动作用。之后，他们得到了市政府的资金援助，“理想的动物园”的设想一个又一个实现了。

1998 年，猛兽馆竣工。如果观众抬头看看头顶的铁丝网，就会惊讶地发现豹子躺在那里。对于习惯在树上睡觉的豹子来说，那里就是它休憩的场所。因为活动场地足够大，所以狮子也变得精力充沛，它们心情舒畅，大大方方地横躺着，让人感受到了百兽之王的风范。最重要的是，动物们可以选择自己的容身之所。

1999 年，猴山对外开放。它的特点是“立体展示”，反向利用斜坡这一不利地形，实现从山上到山下变换角度观察猴子的生态。和在自然界中一样，为了不让猴子轻易得到食物，食物被提前隐藏在各处，猴子会全神贯注地去寻找。

接着是 2000 年，企鹅馆建成了。走路姿势摇摇摆摆的企鹅在水下隧道里以惊人的速度展现了如空中翱翔一般的游泳本领。之后，猩猩空中运动场（2001 年）、北极熊馆（2002 年）、海豹馆（2004 年）、猩猩馆、蜘蛛猴 · 水豚馆（2005 年）、黑猩猩的森林（2006 年）、狼的森林（2008 年）、梅花鹿的森林（2009 年）……每一年都有新设施开放，入园人数也呈现上升趋势。

新设施的预算是以10亿日元为单位投入的。但即使投入同样的预算，“如果没有之前的努力，结果就会变成另外一个样子”，小菅说道。

“去做一件件自己力所能及的事，在这个过程中我们关于理想动物园的想法越来越成熟，并且整个脑子都被这些想法所占据。接下来要做的事情就只是把草图中描绘的设施变为现实。就在这时，市长换了人，议会里也出现了支持我们的议员，一切水到渠成。无论缺少哪个条件，都无法建成现在的旭山动物园。”

以日本动物园代表——上野动物园和多摩动物园为首，行动展示如今已在许多动物园中扩展开来，逐渐成了行业标准。

对地球上的生物来说，当环境发生变化、生命无法维系时，物种就会自然灭绝。但在另一方面，从现有的物种中也会孕育出适应新环境的物种。社会组织也是一样，即使过去很稳定，可是当发生某种环境变化威胁到其存在时，它就会开始动摇。动物园这种设施也是如此。

但是，如果动物园的存在本身就是有意义的，那么它一定具备了进入下一阶段的条件。旭山动物园为动物园的转型指出了一个方向。

“你认为什么是地狱?”我们单刀直入地向小菅提问，得到的回答是这样的：

“人类不会因为无法在天空中翱翔而感到痛苦。但是，当他们有可能做成某事却没有做到的时候，就会感到痛苦，这就是地狱；

当他们想要实现自己活着的目标，却无法朝着这个目标而存活，这就是地狱，在这一点上，人类和动物都是一样的。”

旭山动物园的奇迹真实地反映了在环境变化的过程中，灭绝的组织和进化的组织之间存在的差异。

◆解释篇

本质 1：能对来自环境的“挑战”作出“响应”才能进化

“历史是由挑战与应战创造的。”

英国著名历史学家阿诺德·汤因比博士这样说道。我们追溯旭山动物园的发展轨迹时，脑海中首先浮现的就是这句话。

当既存的文明受到来自外部环境的“挑战”，生存面临考验时，如果内部能及时“响应”，那么就会产生新的文明。社会组织也是如此，面对以摧枯拉朽之势袭来的环境变化（挑战），能够积极响应的组织才能进化、发展，旭山动物园就是其中的典型。

的确，环境中被视为无用的事物是不可能存在的，并且当物质的存在无必要时就只能灭绝。这是环境决定论的观点。但是，人类不仅仅是被环境变化所左右的，还可以通过自主的意志作出响应，对环境产生影响，这就是人之所以为人的原因。

在旭山动物园的案例中，在最终被市民告知不需要动物园之前，他们做了在自己能承担的责任范围内全部能做的事，作出了彻底的响应，这一点让我们颇受感动。

序章中介绍的内田洋行也受到了市场环境变化的挑战。与此相反，当时的向井社长认为现有的事业部组织无法对环境作出响应，于是他组建了仅由新员工组成的“合法脱藩浪人组织”，只给出了“建立第二个内田洋行”这一大的方向，而让他们自己去思考现在应该做什么、去建立创造新价值的场景，将组织变革成为能够响应的组织。

在旭山动物园的案例中，饲养员中间持续举行的学习会成了产生响应的场景。这不是追求效率的“时钟时间”，而是内在的、具有强烈主观性的“适时时间”的世界。那么，响应是如何产生的呢？让我们继续往下阅读。

本质 2：变革的出发点是设定明确的目标

小菅是如何实现响应的呢？我们应该关注的是，他从重新审视自己存在的意义开始，从根本上改变了动物园做法的理念。

动物和人类一样追求幸福。幸福在于生存目的的主体性实现。动物会为了繁殖这一终极目的而做出维持自己生命的行为，只有这一点才能体现动物的本性。

像这样，他们一边探究生命的根源，一边重新审视自己存在的意义：“动物们真实地展现自己原本的生存姿态，由此鼓励人们振作起来，这难道不是我们应该建造的动物园吗？”于是，他们创造了“通过动物们自我实现的姿态来激励观众”这一更先进的动物园理念。

最值得关注的是，为了实现这一变革理念，他们明确了自己的目标——建造“传递生命的动物园”。所有通往奇迹的实践都是从“传递生命的动物园”这一明确目标开始的。

内田洋行的案例也是从这一点出发的。在这个商品泛滥、客户也不知道自我需求的时代，他们对以往以商品销售为中心这一做法的合理性进行了重新审视，明确提出了“建立第二个内田洋行”的目标，让这里成为他们发现新价值的地方。

变革的出发点是重新审视自身存在的意义，明确变革的目的。

如何去实现这个目的呢？这个过程在旭山动物园的案例中有着通俗易懂的解释。接着，我们来看下一个要点。

本质3：在变革创新中不可或缺的“实践性三段论法”

“传递生命的动物园”这一目的是通过某一天创造一个能让动物们按自己的意志行动、发挥自己本能的环境来实现的。但是，旭山动物园在这个目标出现的时候，并没有足够的资金支持。

于是，小菅等工作人员竭尽所能，提出了进一步缩短观众和动物之间距离的想法，并采取了具体的行动。

“要点介绍”是由最了解这种动物的饲养员在动物圈舍前向观众进行讲解的项目，据说不善言辞的饲养员在自己家里、在家人面前练习了好多次。讲解的方式也不像是在图鉴里出现过的那样，使用“猩猩的握力很强”之类的描述，而是加入了“昨天发生了这样的事”这种具体的小故事，在失败的过程中，自己不断下功夫改进。

由于动物会在喂食的时候做出最具特色的动作，所以由此产生了“要点介绍”的升级版——在展现喂食情景的同时进行介绍的“咀嚼时间”。

“手写宣传卡片”是思考自己想要传达的信息然后亲手写下来，在这个过程中，他们制作了特意通报动物死亡的“服丧”卡片，进行了一次前所未有的尝试。

在展现夜行性动物行为的“夜间动物园”（8 月的数天开放，晚上 9 点半闭园）和观看动物睡姿等导览方案中，观众可以通过预约参观一般游览线路中无法见到的动物园企划，这些正是他们自己在预算有限的情况下想出的办法。

变革的目的很明确。为了实现这个目的，现在有一个可行的方法。既然如此，就应该为了实现目的而采取行动。这三个步骤被称为“实践性三段论法”。

推理法和思考法等论述方法是由若干阶段构成的，其中最具代表性的就是三段论。它是由① 从普遍概念推导出的“大前提”，② 表示具体事物的“小前提”，③ 由此得出的“结论”三部分构成的。

“实践性三段论法”如下所示：

① 大前提——设定目标（目的）

② 小前提——实现该目标的方法（方法）

③ 结论——为了实现目标应该采取行动（行动）

● 实践性三段论法

■ 大前提：具备应该达到的目标（目的）

↓

■ 小前提：具备实现该目标的方法（方法）

↓

■ 结论：为了实现目标应该采取行动（行动）

实践性三段论法由目的、方法、行动构成，缺少其中任何一项，都无法取得成果。

虽然我们总是想要变革，但往往无法成功，其原因无外乎以下几种：① 应该追求的目标不明确；② 即使目标明确也没有合适的方法；③ 即使知道方法也不采取行动；④ 在目的不明确的情况下，将方法当作目的，本末倒置；⑤ 在目的和方法都不明确的情况下就盲目行动。

与此相反，在旭山动物园的复活过程中，从目的、方法到行动，各个环节都完美地结合在了一起。内田洋行也以“建立第二个内田洋行”为目的，把建立“合法脱藩浪人组织”作为方法，并采取行动，让员工们在公司外部建立各种各样的关系网络，将各个环节联结在了一起。

由此可见，“实践性三段论法”就是实现变革创新必不可少的过程。

本质 4：“实践性三段论法”产生了“场景创造的能力”

旭山动物园实现戏剧般复活的道路并不容易。虽然小菅等人付出了许多努力，但在近 10 年间，入园人数一直在减少。即便如此，变革的脚步也没有停止，这是因为领导者具备了创造场景的能力。

场景是人们拥有共同目的和价值观，产生情感共鸣、知识共振，共享信任、爱和安全感等社会关系资本的一种时空。它不是固定的、静态的，人们在开放的关系中通过各种相互作用，使情景发生变化，从而各自达到自我实现和自我超越的目标，这就是场景的动力机制。

小菅在面对饲养员和动物们的时候，发挥了场景创造的能力。首先是在员工中间创造场景。在面临生死存亡的危机时，小菅和员工们经过反复讨论和对话，明确地描绘出了他们所追求的理想动物园的形象，同时为了实现这个目标，他激发每个人的创意，完成了一次又一次的实践积累。

这些努力并没有直接带来入园人数的增加，但是员工们通过“要点介绍”“咀嚼时间”等措施，直接与观众接触，在亲身体验的过程中感受到人们想了解动物的哪些知识？人们会对怎样的事物产生共鸣？与此同时，他们又可以把动物的哪些信息传递给人类？

这不是用“时钟时间”管理的工作，而是由“适时时间”驱动的行为。如果用“时钟时间”来计算所付出的努力和入园人数的数量，那么他们就会觉得“就算做这些事也没用”，在中途就放弃了。虽然在“时钟时间”上不能马上达到入园人数增加的效果，但在“适时时间”的世界里，每一位员工都拥有一个能时常切身感受到充实的自我实现过程，为之后动物园戏剧性的复活奠定了基础。

领导者的“实践性三段论法”越明确，就越能与周围的人共享目标，形成共同行动的场景。在旭山动物园的案例中，创造场景的能力也针对动物们。小菅站在动物的立场上，考虑动物们自由生存的环境，为它们提供自我实现的场景。他把这种想法转化为草图，以显性知识的形式在建设新设施这一物理场所的设计中完美地体现出来。

关于小菅在场景创造方面的能力，值得一提的是，他成功地让市长也加入进来。在与市长面谈的过程中，小菅谈到了“传递生命的动物园”这一目标。市长对此也有同感。但是实现这一目标的方法是建设新设施，需要上亿元的预算。虽然作为大前提的目标和小前提的方法结合在了一起，但从逻辑上考虑，要将作为结论的行动转化为现实绝不容易。

尽管如此，市长本人还是决定按照“实践性三段论法”提供支持。这也许是因为被小菅身上的实践能力、与人产生共情共鸣的能力等全方位的人格魅力所打动。

像这样，人类自我实现的场景和动物自我实现的场景通过相互作用融为一体，入园者也从中获取力量，实现了场景的共享。

这就是本地人甚至很多来自远方的游客多次光顾的原因吧。

领导者的“实践性三段论法”越明确，就越能激发他自身的人格魅力，越能带动周围的人，这种超越逻辑的场景创造能力也会得到进一步提高。从小菅的领导能力上，我们可以看到人格魅力具有超越语言的说服力。

本质5：“实践性三段论法”产生了“坚持到底的能力”

关于小菅的领导能力，另一点令人佩服的是“坚持到底的能力”，一旦明确目标、考虑方法、采取行动，就不会半途而废，而是一直坚持到最后。

即使不能达到入园人数增加的目的，但小菅和员工们一起“为了多增加一个伙伴”而坚持自主的努力。有一天，他被市长叫去谈话，这不仅仅是因为园内采取的措施，还因为他平时到处奔走、持续呼吁“传递生命的动物园”的重要性和存续的必要性，他说：“也许是因为这些事传到了市长的耳朵里吧。”

这种将小事件的累积与大动作联系起来的构思能力和绝对不放弃坚持到底的能力，都源于对自身“实践性三段论法”坚定不移的自信。

当环境发生变化、挑战到来的时候，如何用“实践性三段论法”作出响应，决定了一个组织的命运。旭山动物园奇迹般的复活之所以受到企业社会的关注，原因就在于此。

那么，“实践性三段论法”和很多日本企业容易陷入的“理论性三段论法”有怎样的区别呢？我们将在下一个案例中进行论证。一所公立高中考上公立大学的人数在1年内增长18倍，这个公立高中的案例将简单明了地展示两者的差异。

案例二　学校的奇迹——京都市立堀川高等学校

“大学考试”和“生存能力”两者兼顾的学校变革，通过实践锻炼智力、实现“自主学习教育”。

◆故事篇

这个案例被称为“堀川的奇迹”。2002年，在短短1年时间里，京都市立堀川高中考上大学的合格人数从前年的6人增加到106人，这一惊人的进步令所有人瞠目结舌。到2009年甚至增加到了175人，其中考上京都大学的人数有47人。

的确，升学成绩的数字非常引人注目。但是，如果只关注数字，就会错失堀川高中学校改革的本质。

从“教师教书育人”到“学生受教成长”，教师们不断追问教育是什么？当自己从“主语”的位置上走下来的时候，他们加快了变革的进程，一门被称为“探究科”的全新学科诞生了。

堀川高中惊人的进步就是从“探究科”诞生之时开始的，“一切都源于你的‘想要知道’。”

这门向学生发送强烈信息的学科，甚至把“灌输式教育还是宽松式教育”这个既有的对立概念变成了毫无意义的结构。主导改革的荒濑克己校长表示：“不幸的是，人们普遍认为灌输式的知识学习型和宽松式的课题研究型是背道而驰的。在我们创立的探究学科中，两者相辅相成，产生了协同效应。不是只抓住其中一方，而是两者兼顾。因为我们在各个方面都做出了两者兼顾的决定，所以才有了现在的堀川高中。”

两者兼顾的现象在学校生活中随处可见，“学习和文化节”就是其中之一。为了在9月文化节上进行的班级对抗表演，即将参加大学入学考试的三年级学生也在夏天准备了两个月。对考生来说夏天也是备考的关键时期，通常有“征服夏天就是征服考试”的说法。当然，为了兼顾学习，他们必须在规划上下功夫。

这样可以提高学生的“应试能力”，荒濑说：“因为考试结果也是由‘规划能力’决定的。在此之前，在二年级开展的短期海外研修等各种活动中，堀川高中的学生也会负责全部的幕后舞台准备工作，从中掌握规划的方法。即使在文化节后的模拟考试中成绩下降，考生们也会在思考规划的同时，在冲刺阶段发挥实力，挽回颓势。”

此外，他们还兼顾“应试英语和实用英语”。后文讲述的一年级学生的小组论文演示和问答都是用英语进行的，邀请海外高中生参加的国际研讨会也是学生自己熟练运用英语完成的。

所有的创新都是在消除二律背反的过程中实现的，“堀川的奇迹”也是由两者兼顾的决断和执行造就的。让我们来追溯一下这一戏剧性改革的轨迹吧。

要点 1：从“居酒屋闲谈”开始行动，使其发展为“公共讨论”

那是在 1993 年前后，荒濑校长与其他同事四人在居酒屋进行讨论，故事就是从这里开始的。当时，京都公立高中的大学录取率非常低，主要原因在于不合理的高中入学考试制度。

初中三年级的考生参加统一的综合选拔考试，合格者以小学所在区域为单位，机械地被分配到各个高中。其结果就是，虽然学校之间的差距消失了，但之前把很多学生送到“难考大学”的重点学校也被平均化了。

然而，私立学校却不受此影响，升学率进一步上升，使公立学校一直处于下风。公立学校的应届考生很难考上大学，于是有人揶揄说“公立高中是四年制”“15 岁的春天不让你哭，18 岁的春天就会让你哭”。荒濑这样描述当时的情况：“我们教师为了教学而拼尽全力，但社会却只关注考上大学的人数。不应该是这样的，我们想要实施的教育，是培养学生无法用数值表现的能力。我真想反问一句，难道只要通过大学入学考试就够了吗？但是，我们完全不知道该怎么办。”

他们四个人都在 40 岁左右，自己的孩子也迎来了考试期。荒濑的大女儿上初中三年级，想要报考公立学校。但有一天，班主任不问缘由地对她说：“公立学校不行，那样就考不上大学了，考私立学校吧。”他说，虽然大女儿对班主任表现出了反感，但作为父亲的他却无话可说。

四个人在居酒屋中的谈话发展成了学校内部的讨论，他们在小组委员会上围绕授课方式进行了讨论。如果把授课时间从 50 分钟延长到 90 分钟，也就是延长到近两倍，是不是每个教师都要重新考虑教学的组织形式了呢？虽然经过了激烈的讨论，但他们得出的课改方案最终没有获得市教育委员会的审核通过。荒濑说，尽管如此，花费一年时间讨论的方案也成了变革的基础。

“我们是为了什么而展开讨论的呢？年轻人在成长的过程中需要学习很多东西，我们的讨论难道不是为了让他们意识到没有学会这些就会遭遇不幸吗？与其用花言巧语回应外界的议论，不如把重点放在每个学生的成长上。在反复讨论的过程中，我们的目标方向逐渐得以明确。”

1995 年荒濑被调到了教育委员会。正在那时，教育委员会内部也开始进行高中改革，荒濑作为“市立高等学校 21 世纪构想委员会”的负责人，推动了新高中建设的讨论。

“不是单纯的知识积累，而是通过经验将知识提炼成鲜活的智慧。”

经过三年的讨论，荒濑重新审视了现有的教育模式，并亲自起草了关于建设新高中的报告。为了实现这一目标，他于 1998 年回到被指定为试点学校的堀川高中并担任教务主任。变革由此开始。

要点 2：先套用模板，然后通过“守、破、离”将其转变为自己的方法

在教学一线，以旧校舍全面改建完成的 1999 年为契机，不分学区、能在全市范围内招生的新学科启动计划正在紧密筹备中。

教师们对于文部科学省[1]计划引进的“综合学习时间”展开了争论，有多种不同的想法。

老师们的固有观念是“既然是综合性的学习，那么学习对象就必须和所有学科都产生关联”。荒濑说，这简直就像是“邪教组织的信仰”。在现实中这是不可能的，所以老师们的意见无法达成一致。

当时，有一件事让荒濑非常介意，那就是随着时间的流逝，升入高中的学生越来越“不会思考”。原因在于他们接受的完全是“灌输式教育”，因此自主思考的必要性就逐渐消失了。如果事实确实如此，那么他们需要做的就只是让学生打好基础，不再刻意灌输其他内容，剩下的交给学生自己去思考。这才是真正支持学生成长的教育方式。

想到这里，荒濑敦促老师们改变讨论的方向。

“认为必须和所有学科都产生关联的想法是灌输式教育的想法。反过来说，这就是被灌输的教育。如何摆脱这种想法呢？即使是看似与任何学科都无关的对象，也一定会有所关联。我们不

[1] 文部科学省是日本中央政府行政机关之一，负责统筹日本国内的教育、科学技术、学术、文化和体育等事务。

如在课程的组织过程中想办法设计一种形式，让每个学科的教师都能参与其中。我开始寻求这种思维的转变。老师们对自己认为正确的事态度非常保守，但是，我要在这里试着改变他们一直坚信不疑的想法。虽然摆脱原有想法花了很长时间，但这成了一个巨大的转折点。”

从此，我们不再进行“灌输式教育”，而是实施“学生自己思考和学习的教育”。通过思维的转变，设立新学科的计划开始走上正轨。怎么做才能掌握自主思考和学习的能力呢？如果面对大学生，可以尝试课题研究或写论文的方式。那么，如果试着让高中生这样做会怎样呢？可以要求他们自己寻找课题、进行研究并整理成论文。这样，学科计划的框架就逐渐形成了。

在这里，荒濑决定将“学习模式”这一概念作为课程的核心。他在教育委员会工作的时候，担任过论文比赛的评审，曾对某所学校教授的论文写作模板之出色而感到震惊。能力强的学生一旦掌握了写作模式，就能充分发挥能力。荒濑说，他感受到了一种新鲜的惊喜。

“虽然人们都说套用模板不好，但我意识到，在年轻的时候牢固掌握基本的‘学习模式’还是有必要的。怎样才能深入了解事物呢？怎样整理已经知道的事情呢？构建逻辑也是必要的。你不能局限在自己的逻辑里，必须懂得与周围人讨论的重要性和方法。然后，当你有了力量，就能通过‘守、破、离’将其转变为自己的方法。因此，我决定以基础的学习模式为核心，由此引发学生们的求知欲。

但是，另一方面，市民们也要求提高大学入学考试的合格率。因此，我们决定要培养学生既能考上大学，又能在进入大学或社会后发挥作用的能力，表明了两者兼顾的决心。同时，在考虑过退路之后，我们设立了一个名为‘探究科’的新学科。”

要点 3：掌握课题研究能力，知识积累能力也会提高

就这样，我们所开设的“探究科”成了一门非常独特的课程。其主干科目是“研究基础”，由 HOP、STEP、JUMP[1] 三个阶段构成。实行两年制，每一年度分为上学期和下学期。

HOP 在一年级上学期，这是学生为了“了解”而学习基础技能的阶段。从电脑的操作方法到逻辑构建、论文的写作方法等，经过一段时间的导入学习后，分小组进行辩论，锻炼逻辑说服力。

之后在学期末，他们要以“环境”为主题，完成撰写小组论文的目标。论文需要翻译成英文，制作演讲资料，并用英语进行演示，问答也要使用英语。最优秀的小组将有幸在面向考生的学校说明会上进行演示。

接下来的 STEP 在一年级下学期，这一阶段锻炼了学生“了解更多”的能力。研究小组被分为文科和理科，文科学习

[1] 单脚跳、跨步跳、跳跃，三级跳远的三个步骤，此处指研究课程的三个阶段。——译者注

社会调查法，理科学习通过实验验证假说的数据处理和误差概念。

STEP 的最后，等待他们的是“研究基础”的最大课题——确定个人研究的主题。此时他们被问及一个根本问题：自己“想知道什么”？根据荒濑的说法，学生们在这里经历了“灵魂的拷问”。

“最开始的时候，研究的主题很模糊。但在研究小组的伙伴、老师、研究生助教不断深入提问和建议的过程中，对于自己想知道什么，轮廓逐渐变得清晰起来。在拷问中逐渐看清自己，这一点是最重要的。如果能明确自己想知道的是什么，就能自己制定调查或实验的方法，也能将其落实到时间轴上，写出研究计划书。规划能力也就自然而然地掌握了。”

就这样，确定研究主题后，在第三个阶段 JUMP，也就是二年级上学期，课程被分为文科的“人类探究科”和理科的“自然探究科”，终于进入个人研究阶段。为了那些需要实验的课题，学校准备了物理、化学、生物、地学等各个领域的设备和仪器，还配备了计算机模拟系统。

学生通过反复的实验和调查，在听取建议的基础上，用半年时间得出成果，然后以海报发表的形式（在一大张纸上整理研究内容的要点，进行展示说明），在研究发表会上互相展示，最后写出论文。这个过程从“想知道”开始，以论文的形式结束。

● 堀川高中“探究科”的“研究基础”分为三个阶段

■ HOP（一年级上学期）
掌握“了解”所需的知识和方法

↓

■ STEP（一年级下学期）
兴趣和关心的深入、扩大——锻炼“了解更多”的研究能力

↓

■ JUMP（二年级上学期）
基于“学习方法”将“想要了解更多”固定成型

令人惊讶的是，学生个人研究课题的水平非常高。举某一年的例子，理科的课题是“西佛星系 NGC4151 中心黑洞模型的形成”“竹炭的铅离子吸附功能问题”“‘重复囚徒困境’中的最佳策略”“运用股价图形规则进行统计预测的相关研究”等等；文科的课题是“英国阶级社会与身份认同”“脱亚论与侵略政策的相关性”“《敦盛》具有的戏剧性”等等，远远超过了高中水平。学校特意让他们“踮起脚尖”，以此激发他们的潜能。

有的学生想做具有社会意义的研究，凭借“用望远镜测量大气污染物”的课题参加了美国的国际学生科学技术博览会，还获了奖。

但是在学校刚开设“探究科”的时候，对于“同时提高应试能力和生存能力”的目标，也被当地教育界质疑：“你们简直就是在做梦，难道你们认为这些真的能实现吗？”

“既然要做就一定要实现，让我们称之为‘堀川的奇迹’。”

荒濑的这番铿锵有力的言论在 2002 年春天成为现实。那年 1999 年入学的第一届学生参加了大学入学考试，考上公立大学的人数一下子从 6 人增加到了 106 人。掌握了“学习模式”的学生们，运用课题研究和知识积累两方面的学习能力，在大学入学考试中获得了突破。

通过个人研究确定自己想要学习的领域，从而唤起升入大学求知的欲望，提高应试能力。这里证明了两者兼顾是可能的。

比升学成绩更能激励老师们的是学生们的话语。有一次，一位毕业生这样说道：“进入大学后，在研究基础课上做过的事情真的很有用。”

面对老师布置的 10 页论文纸的课题，当其他学生还在为论文字数而烦恼时，这位毕业生已经在思考论文结构了。

“一看他们的行为就知道是堀川高中的毕业生。”某位京都大学的教授也是如此嘉许。

要点 4：通过学生（顾客）的自我实现，教师也能完成自我实现

荒濑一有时间就会在名为“THE NEST OF YOUTH（年轻人之巢）”的校舍内四处走动，漫无目的地观察学生们的状态，这是他每天的必修课。人一旦进入旋涡，就会变为“虫之眼”，有一些

东西会看不见。但如果使用“鸟之眼”，就能在不经意间看到真实的景象，明白应该做什么。荒濑说，要在那里“漫无目的地四处观察”。

“在摸索建立新高中的时候也是如此。‘探究科’这门学科并没有诞生在教育委员会的会议室，而是产生于教育现场的讨论。只是，人在现场很容易陷入旋涡。这也是1998年我回到一线时，内部由于争论而分崩离析的原因。我们需要虽然身处教育一线，却不直接从事实际教学的人，在一步之遥的地方进行观察，我就承担了这个职责。这份职责到现在也没有改变。”

荒濑说，他年轻的时候，听到教师前辈们说“不是只有考上大学才是能力”，不禁产生了疑问：“那么，什么才是能力呢？”现在，他对此有了切身的感受。他说，这种能力虽然不能用偏差值[1]来评价，但只要看到学生们的成长就明白了。

“令我感动的是，我们在学生们身上培养了一种想象力，使他们能看到眼睛所看不见的东西。2005年4月JR宝塚线脱轨事故发生的时候，一名学生向当地报纸投了稿，他写道：死去的107个人有属于107个人的每一天，而在他们背后，无数和他们相连的人又有各自的每一天。一个人的生命是和大家紧密联系在一起的。

---

[1] 偏差值，是指相对平均值的偏差数值，是日本人对于学生智能、学力的一项计算公式值。一般来说，偏差值越高越好。——译者注

要去看数字背后的东西——事故发生不久前，我曾对学生说过这样的话。虽然年轻人有时会说一些狂妄自大的话，但他们都拥有坦率而柔软的心。学习会使人成长，学校本来就应该是帮助学生成长的地方。通过这件事，我再一次认识到，在学生成长为大人的过程中，我们老师是和他们最柔软的部分联系在一起的。"

在国际学生科学技术博览会上获奖的学生也把感谢同伴的支持放在了第一位，他说："研究是非常辛苦的，而我能站在这里，是因为周围人的努力和支持。"

一线教师们的日子比变革之前辛苦了许多。为了指导学生，他们反复阅读专业书籍、向大学的研究室咨询，周末也陪着学生一起实验或调查。

荒濑说："老师看到学生取得进步就会感到幸福，而你一旦体验过这种感受就会想要再次经历。"堀川高中的变革旨在通过学生们的学习来完成自我实现，对老师们来说，这也是一个寻求自身存在证明的自我实现过程。

堀川高中夹在蛸药师通和锦小路通[1]这两条路中间，两边的道路都很窄，据说学生们一开始经常无视红绿灯。

"这不仅仅是你们自己的问题，还有很多小孩在旁边看着呢。"

---

[1] 蛸药师通、锦小路通均为京都东西向的主要道路，两者相互平行。——译者注

自从跟学生们这么说之后，他们就开始遵守红绿灯了。荒濑说，他最喜欢见到黄昏时分学生一个人等红绿灯的身影。然后，心里想着自己明天也要在校园里漫无目的地走走看看。

人是如何成长的呢？“堀川的奇迹”告诉我们，奇迹并不是什么特别的东西，在每个拥有自主意识的主体身上都可以发生。

◆解释篇

本质 1：“理论性三段论法”和“实践性三段论法”具有决定性的不同

支撑堀川高中变革的是将人的本质需求定位为“求知”的人性观。“求知”的欲望催生了“自主学习和思考”的行为，从而促进了人的成长。不仅在学校，在企业和社会环境中也是一样的。

这一点是教师对自己如何了解学生的真实模样和他们当前所处的真实状况进行反复思考后意识到的。随后，他们对自己应该如何回应学生们的求知欲以及学校存在的意义进行了重新审视，变革由此开始。这个案例与旭山动物园的案例有共通之处，当时人们也提出了如何去了解动物的真实状态、动物园应该是怎样的等类似的问题。

从根本上说，堀川高中新诞生的“探究科”的最大特点就是以“实践性三段论法”为基础，从这里可以看到教育的创新。因为在一般的知识积累型教育——“灌输式教育”中，进行的是显性知识（能用语言或文章明确表达的客观知识）的填充，它是以“理论性三段论法”为基础的。

“理论性三段论法”讲究的是形式逻辑，也就是逻辑的正确性。例如，先告知人们“所有人都会死”这一普遍命题。接着，提出“苏格拉底是人”这一具体命题，在此基础上，推导出“苏格拉底会死”的结论。重复这一过程，就能得到知识积累。

从“所有人都会死”到“苏格拉底是人”再到得出“苏格拉底会死”的结论，像这样探究逻辑的思考方法被称为“逻辑推理”，“理论性三段论法”就是其中的代表。

前文提到，三段论是由① 从普遍概念推导出的“大前提”，② 表示具体事物的“小前提”，③ 由此得出的“结论”三部分构成的。“理论性三段论法”的情况如下：

① 大前提——所有人都会死（普遍概念）

② 小前提——苏格拉底是人（具体事实）

③ 结论——苏格拉底会死

“理论性三段论法”是从普遍命题中演绎推导出结论的一种方法。可以说，它是官僚型人才的看家本领。“理论性三段论法”在形式逻辑上是正确的，能够达到某种真理。特别是在追求知识正确性的应试学习中，需要将逻辑推理和“理论性三段论法”模式化，尽可能地将标准化的显性知识灌输给学生。

但是，即使“苏格拉底会死”这一结论在逻辑上是正确的，那么它又有什么用呢？这里没有任何的知识创造性和生产性。追问逻辑正确性和创造新知识是完全不同的两件事。

在逻辑推理和“理论性三段论法”中，一开始就给出了“所有人都会死”的普遍性命题。但是，真的所有人都会死吗？也许即使肉体灭亡了，精神也会永远存在。

说起来，人又是如何知道“死亡”的呢？原本，人就是从亲人离世等身边的死亡经验中开始了解死亡的。人们从个别具体的经验归纳出了“所有人都会死”这一普遍性的概念。只是，那个时候，他们只是通过观察个别现象和事件的表面总结出了规律，并没有超出“简单归纳”的范畴。

如果人们不仅了解一般规律，还在经历身边人死亡的过程中挖掘自己心中的相关意义，将其抽象化、普遍化，并把死亡的概念转化为自己的东西，那么，他们就能拥有自己独特的“生死观”。如果有 100 个人，那么就有可能产生 100 种生死观。

一边经历一边了解，这样就会产生新的知识。在这个过程中，经验很重要，重视这种经验的就是“实践性三段论法”。

“不是单纯的知识积累，而是通过经验将知识提炼成鲜活的智慧”，正如荒濑在新高中建设报告中主张的那样，在堀川高中的变革中，不仅需要探究结论真伪的“理论性三段论法”，更需要进一步深入，通过“实践性三段论法”去开拓学习的世界。

●“理论性三段论法”和“实践性三段论法”的区别

	理论性三段论法	实践性三段论法（堀川高中的案例）
大前提	所有人都会死	想知道什么（目的）
	↓	↓
小前提	苏格拉底是人	如何知道（方法）
	↓	↓
结　论	苏格拉底会死	如何实行（行动）
	↓	↓
	追问结论的逻辑真假 →没有知识的创造性和生产性	结论与行动相结合 →迈向新知识的创造

在堀川高中“探究科”开设的研究基础课程中，首先要确立“想知道什么”这一目的，接着思考“如何知道”的方法，然后确定“如何实行”并采取行动。也就是说，如下所示：

① 大前提——“想知道什么”（目的）

② 小前提——“如何知道”（方法）

③ 结论——“如何实行”（行动）

● 假说并不能从演绎法或单纯的归纳法中产生

演绎法（Deduction）	归纳法（Induction）	设定假说（Abduction[1]）
所有人都会死 ↓ A 是人 ↓ A 会死	所有人都会死 ↑ A 死了 B 死了 C 死了……	即使肉体灭亡了， 精神也会永远存在 ↑ 死亡是什么？ ↑ A 死了 （经历身边的死亡）
对普遍命题进行逻辑分解，得出结论	观察个别现象和事件，总结规律	以在直接经验中自己内心涌现的直觉为基础建立假说

“理论性三段论法”是对结论的逻辑真伪进行探究，而“实践性三段论法”的特点则是结论与行动融为一体，其实践性就体现在这里。

在堀川高中的“探究科”，学生按照“实践性三段论法”进行反复实践，从个别具体的事实中推导出普遍性命题。通过这种经验，知识会转化为智慧，从而转变为自己的东西。

“灌输式教育”是以显性知识为基础的填鸭式教育，而在“探

[1] 此处意为溯因法、反绎推理或溯因推理，指用假设的理论去与经验相对照的推理方法。——译者注

究科”中，学生会通过经验将知识转化为智慧，进而使其转变为自己的东西，通过这种以隐性知识为基础的学习，实现自我成长。

本质2：掌握假说设定法（溯因法），而不是演绎法或归纳法

这里值得关注的是，通过“实践性三段论法”进行的教育，使学生们在发挥课题研究能力的同时，也提高了应对考试的能力，取得了令人惊讶的升学成绩。那么，这一点为什么能成功呢？

“实践性三段论法”的另一个特点是，“应该达到的目标”“实现目标的方法”以及“应该采取的行动”这三者均为假说，都包含了对实践结果进行验证、修正的过程。在实践中通过不断重复“假说→验证→修正”的过程，来实现最终的目标。有时候，作为大前提的目的本身也可以进行修正。

这个假说是如何产生的呢？假说的源泉是自己的隐性知识。在经历各种各样的事情并如实接受这一切的过程中，自己的内心酝酿出了“想要这样做”“想变成这样”的想法，将这些涌现的想法或印象转化为概念，以命题的形式表现出来，这就是假说。

演绎法是有逻辑地解释给定的普遍命题，从这里是不可能产生假说的。另外，只观察个别现象和事件的表面并总结出规律的简单归纳法，也很难建立假说。

比起看得见的现象或表面维度，更要深入地洞察，追问这是为什么、有什么含义，并以掌握的内容为基础，提出自己的假设。这是既不同于演绎法（Deduction），也不同于简单归纳法（Induction）的第三种方法，是一种被称为溯因法（假说设定，Abduction）的直观思维方法。

在前文提到的了解死亡概念的过程中，也并没有运用简单归纳法，而是在切身经历死亡的过程中，以自己内心涌现的观念和情感为基础，提出了“死亡是什么”的假说。这时，如果我们设想“即使肉体灭亡了，精神也会永远存在”，那么就会产生“不一定所有人都会死”的假说，这与演绎法中“所有人都会死”的大前提完全不同。

也就是说，在认定“A=B、B=C，所以 A=C”的理论性三段论法中，从一开始就排除了“A=B”以外的前提，但在溯因法中“A=not B”的假设也是可能存在的，就是从这里产生了新的知识。

在“探究科”进行的“实践性三段论法”中，“想知道什么”“如何知道”“如何实行”三者都属于假说。

在“探究科”，“实践性三段论法”是从基本篇 HOP 之后，在 STEP 阶段设定个别研究主题时开始的。一开始学生们思考的主题是模糊的。在这里，他们接受了来自老师、研究生助教和研究小组伙伴的深入提问和建议，在被彻底“拷问”的过程中，深入思考自己“想知道什么”，探究自己为什么想知道，通过对涌现出的想法进行不断打磨来确定研究主题。

● “实践性三段论法”和“假说、验证、修正”

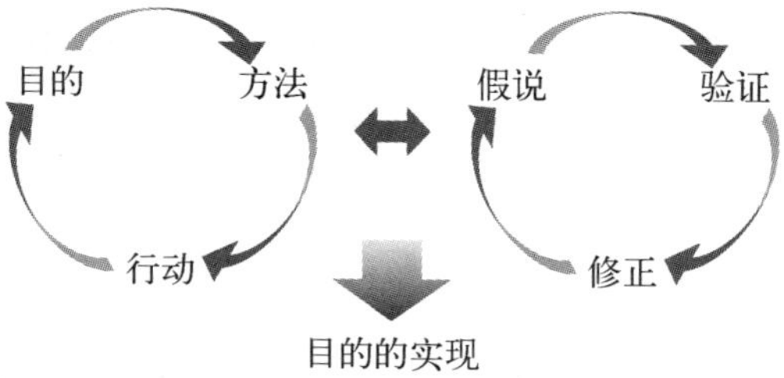

通过“目的→方法→行动”和“假说→验证→修正”的
循环来实现目的

一旦明确了“想知道什么”的目的，“如何知道”“如何实行”的方法和行动就会逐步显现出来。在进入 STEP 阶段之后，他们转入实践并开始不断试错的过程。然后，在接受来自老师、研究生助教和同伴建议的基础上，不断重复“假说→验证→修正”的过程，一步步接近目的，从而完成论文。

这种“实践性三段论法”和“假说→验证→修正”循环往复的知识方法，不仅适用于个人研究，也适用于大学入学考试。

首先，通过个人研究明确了学习的目的之后，对于“考上大学”这一目标，就会比一般考生产生更强烈的动机。确定“想进入哪所大学”“学习什么”的目标，不是出于学校偏差值较高、是名牌学校等演绎式的理由，也不是因为按照自己的成绩理应进入该等级的大学等简单的归纳式理由，它是通过溯因法显现出来的。这样一来，“如何备考”“如何实行”等方法和行动也会变得清晰起来。而且，在应对考试的时候，也要运用“假说→验证→修正”去突破难关。荒濑把这种能力称为“规划力”。

优秀的课题研究能力和高超的应试适应能力，在知识方法上是同根同源的，完全没有矛盾。这对于商业社会中个人能力的衡量也是非常有启发意义的。

本质3：兼顾“由外而内”的应试能力和“由内而外”的研究能力

让我们从另一个角度来看待课题研究能力和应试适应能力的共存。

个人研究在把“实践性三段论法”作为基础的同时，也运用了“理论性三段论法”。

“想知道什么”“如何知道”“如何实行”等实践性推论是从自己的问题意识中产生的，属于“由内而外”的知识创造。为了实现这一点，人们也需要通过老师和教材等媒介，“由外而内”地努力学习，使已有的知识转化为思考的素材。

另外，当实行的结果和目标产生偏差时，为了找到问题的出处，也需要汲取自己原有的知识。这种由外而内的学习过程是以显性知识为中心，以理论性三段论法为基础的。

一般来说，大学入学考试的应试技巧属于由外而内的技能学习。这与由内而外的知识创造原本是互不相容的。此时，堀川高中的“探究科”通过独立思考和学习的个人研究，使由内而外的知识创造和由外而内的技能学习得以共存。

由内而外和由外而内，如果掌握了提高两者协同效应的知识方法，那么在大学入学考试中，不仅能习得由外而内的应试技巧，还能培养出更强大的适应能力。这一点非常容易理解，对于企业的人才培养也有一定启发。

本质 4：拥有个别具体（微观）和普遍（宏观）相结合的眼光

从“想要实现的目标”“达成目标的方法”到“应该采取的行动”，在荒濑主导的学校变革过程中，我们同样可以见到这样的“实践性三段论法”。

荒濑说：“‘探究科’的创建源于在发展教育实业的现场进行的讨论。”如果只是在教育委员会的会议室里进行讨论，那么“探究科”大概就不会产生了。因为远离现场的讨论，始终属于从普遍命题切入的“理论性三段论法”范畴，很难落实到个别具体的实践当中。同时，一味地追问结论的逻辑正确性，就会离创造新知识越来越远。

另一方面，现场最开始的时候也处于“分崩离析”的状态。一般来说，现场是归纳法的世界。位于教育一线的教师们以自己的经验为基础，描绘了一幅“学习对象必须和所有学科都产生关联”的理想蓝图。但是，各个学科本来就共同承担着实现教育目标的任务，所以这个理想蓝图中包含着二律背反。

原本，新知识的创造就需要建立假说。将眼前个别而具体的微观现象和普遍的宏观概念相联系，在这个过程中自己内心涌现出的东西就是假说。此时，可以跳过逻辑上无法同时成立的二律背反进行思考。

但是，由于现场是个别而具体的，如果过度陷入“旋涡”，就看不到更大的普遍现象；如果存在二律背反，就会被其束缚而无法自拔。堀川高中的现场一开始也处于这种状态。

这里需要有人既对现场情况有所了解，又能够提出“为什么要进行学校改革”这样的本质问题，荒濑就负责这项任务。然后，他将现场教育的个别具体和“教育应该怎样做”的普遍理念相结合，引导出了实施“学生自主思考和学习的教育”这一目的，而不是继续现有的“灌输式教育”。

他们只是让学生打好基础，不再刻意灌输其他内容，剩下的交给学生自己去思考，以此帮助学生成长。作为达成这个目的的方法，他们要求高中生进行个人研究，并掌握将其整理成论文的“学习模式”。他们认定这是激发学生“求知欲”的最佳方法，并付诸实践。

堀川高中的“探究科”，既不是通过教育委员会的演绎式理论推导，也不是通过现场简单的归纳性讨论，而是在领导者依据“实践性三段论法”设定新的目标，并通过实践性推论思考方法、采取行动之后产生的。

理论推理被称为逻辑思维。无论是旭山动物园的变革，还是堀川高中的变革，都不是仅靠逻辑思维就能实现的。旭山动物园的小菅和堀川高中的荒濑，两人身上的共同之处是都具备从现场个别而具体的世界切入，结合普遍理念做出最佳判断的实践智慧，即实践知识。

从逻辑思维到实践智慧，这是本书探索变革领导力存在方式的一贯主题。下文将从各个角度切入，逐一解析从“物质思维”到“事件思维”、从“先思考后行动”到“在行动中深入思考”、从“以名词为基础”到“以动词为基础”、洞察无关事物之间“看不见的脉络”等观点。

第二章 | 从“物质思维”向“事件思维”转变

序　言

20 世纪前半叶，一位名为怀海特的与众不同的英国哲学家创立了自己独有的哲学。说到与众不同，在于他认为世界是一个一切都相互关联的“过程”，是一个一直持续运动的“事件连续体”。

也就是说，他强调世界每时每刻都在“生成发展”，所以我们应该关注的不是“物质”本身，而是“事件”形成消长的过程。

进入 21 世纪的今天，我认为应该重新认识怀海特的世界观，因为在知识经营的时代，我们追求的不是“物质思维”而是“事件思维”。

从事物向事件转换，这里介绍两个典型的案例。

第一个案例是 JR 东日本的“ecute”项目，他们将车站内的空间当作是事件而不是物质来看待，为站内的商业设施带来了戏剧性的转变。

第二个案例是丰田汽车的超小型汽车“iQ”，虽然他们追求极致精巧，但并没有单纯地把汽车当作物质进行压缩，还创造了新的事件（event），得到了讲究生活方式的都市生活者的支持。

物质思维和事件思维有什么不同呢？上文的第一个案例准确地展示了这种差异。

让我们有请主导该项目的一位女性领导者登场。

案例三 车站中的奇迹——JR东日本站内商场

从“经过的车站”向“聚集的车站”转变，从热门项目中看到鬼手佛心领导者的聚众力。

◆故事篇

说到ecute，现在是JR东日本“站中商业空间”的代名词。继大宫、品川、立川、日暮里各站之后，2010年3月，JR东京站开业，在持续低迷的零售业界大放异彩。

过去，所谓的车站内商业空间，只是陈列着各种店铺的区域。将其进行戏剧性变革，使其大受欢迎的是一位女性领导者，就是如今在JR东日本担任事业创造本部部长的镰田由美子女士。

要描述镰田女士的性格，也许从一个夏天的小故事说起比较合适。这是2008年暑假，她访问西班牙巴塞罗那时发生的事。当时，镰田女士担任经营ecute的JR东日本子公司、JR东日本车站零售公司的社长，她说，在西班牙引以为豪的建筑师安东尼奥·高迪的作品面前，她泪流满面。明明是用石头和铁制成的，为什么会如此温暖呢？柔和的曲线、射入的阳光，这一切都打动着她的内心。她想：我们能不能把这个世界也运用到自己的车站中呢……

在圣保罗医院，她的目光则被中庭的景象所吸引。圣保罗医院是与高迪齐名的建筑师多梅内克·蒙塔内尔的作品，医院的建筑已被认定为世界遗产。她说，在医院中庭，有谈笑的患者和探病的客人，她把他们联结在一起的、那种似日常又非日常的小场景中的乐趣和车站内部重叠在了一起。

“我好奇心旺盛，容易把各种物质以各种方式联系起来思考。”镰田女士说道。

不同的事物联结在一起，就会产生新的世界。她和年轻的部下们一起创立的站内商场以“ecute”命名，2005年3月在大宫站、同年10月在品川站、2007年在立川站陆续开业，掀起了一股热潮。站内商场也是从“联结的想法”中诞生的。

镰田女士说道：“例如，间接照明在普通的商业设施中随处可见，但若要运用在车站内部，仅仅提出这种想法就足以令人惊讶了。只是，要让这种想法实现并不容易。说到有什么困难——虽然产生把某两件事结合起来的想法和创意并不是一件容易的事，但更困难的是，在想法与现实结合的过程中，可能会产生摩擦，也可能会因为无法顺利衔接而耗费劳力。在这种情况下，如何让人们参与进来并取得成果呢？这一点才是最难的。”

实际上，项目是“联结不同的物质”→“产生摩擦或耗费劳力”→“吸纳人员解决问题”这一过程的延续。下面，我们就来试着探索 ecute 成功的秘诀。第一个课题是将铁路和商业联系起来。

要点 1：如果没有现成模式，答案就只存在于我们自己心中

故事开始于 2001 年年末，被派遣到吉祥寺车站大楼进行租户开发的镰田女士突然被召回总公司的业务创造本部。上司董事会长新井良亮先生（现任 JR 东日本董事副社长）任命她负责“立川站、大宫站开发项目”。那时镰田女士是 35 岁的副课长，项目组只有她和两个 20 多岁的年轻成员，三人就此展开了工作。

当时，JR 东日本在中期经营构想中以“车站文艺复兴”为口号，倡导“车站的再生”，提出了从零开始对车站的存在方式这一最大的经营资源进行重新审视的方针。

要将铁路事业和生活服务事业并列为经营发展的两个轮子。作为新方案，在计划实施车站改良的立川站和大宫站，从检票口进入站内的新业态开发引起了人们的关注（后来品川站也加入其中）。

项目启动之际，在冬天的大宫站，从凌晨 4 点的首班车到末班

车，镰田连续三天对来往的行人进行观察。怎样才能实现“车站的再生”呢？当她与人们以同样的视线注视同样景象时，一个概念浮现出来。

从“经过的车站”到“聚集的车站”，对车站进行改变。在明确了自己的目标之后，镰田女士将车站大厅和商业空间连接起来，作为一个整体来把握，并且把细节也能体现凝聚感放在最优先的位置。

阻挡她的是纵向的壁垒。铁路事业部的组织按照系统来划分，分为营业部、建设工程部、设备部、安全对策部等等。车站的设施和财产也被纵向划分，各部门根据各自的规则进行管理。为了把车站从“经过的车站”变为“聚集的车站”，要将车站内部作为一个整体的空间进行搭配，所以这些纵向部门必须通过横向联结实现合作，摩擦就产生在这里。

“例如，厕所坐便器的数量是铁道事业本部的营业部根据车站的上下车人数来决定的，所以男性坐便器的数量比较多。但是，当新的空间出现时，女性停留的概率就会增加。当我们与他们交涉想增加女性坐便器数量的时候，被要求提供计算依据。因为在任何车站都找不到相关依据，所以我们自己去百货公司的厕所采集数据。‘假设这一点变成现实，如果维持现状，顾客排起长龙该怎么办呢？’虽然我们的提问很温和，但实际上谈判是很艰难的。”镰田女士回顾道：“当我们要求把大厅的照明和地面材料从设计到维护都交给我们时，铁路事业的各个部门都表示了反对，认为现有的权限被切断了。”

铁路的最大目标是安全，因此“守护”是它的根本，与此相对，商业把客户满意度放在首位，需要不断“革新”。铁路中车站的运营和新空间的打造发生了碰撞，而打破僵局的是高层的“一声鹤鸣”。

“‘年轻人都在拼命要求我们去做，我们可以试着使用新的机制去做’，据说最后是大塚陆毅社长（现任会长）在董事会上的一句话决定了事情的发展方向。上司新井也对我说‘责任由我来承担’。如果没有这些支持，这个项目恐怕就消失了吧。”镰田说。

得到公司内部的认可后，这一次项目组开始向公司外部发展。车站内现有的商业空间采用的是将区域出租给开店商户的形式。要想把车站内部作为一个空间来进行整体搭配，就不能只是单纯地出租场地，而是要像百货商店自主布局的展柜一样，自己独立选择开店的店铺，将车站内部打造成一个卖场。

这里，他们面临着一个最大的难题。那就是在站内空间里，用怎样的店铺以怎样的方式联结在一起，才能打造出使人们停下繁忙脚步的“聚集的车站”呢？当时，没有任何模型可以参考。

镰田说：“我们默默无闻，既没有商誉，也没有人脉关系。如果说只有一个优势，那就是与车站相关的事，我们比任何人都更能站在顾客的角度上考虑问题。既然没有模型，答案就只能在我们自己心中。即使不知道这种做法是否正确，我们也会想方设法找出答案，然后分享给团队所有成员。”

在那之后，他们需要付出超乎想象的巨大精力。

要点 2：通过“地狱式的 MD 会议”和“公开处刑”锻炼部下

组建的团队里聚集着各种各样的成员，事业创造本部旗下有 60 多家从事生活服务业务的子公司。如果他们的整体实力不提高，就无法与铁路事业部共同成为经营的两个轮子。镰田建议副社长兼本部部长细谷英二（现任理索纳控股会长）在集团内部公开招募员工。而且，如果录用了 20 岁到 30 岁出头的年轻人，不管他们出身如何，做同样的工作就给予同样的职务，以此为方针组建团队、凝聚力量。

既然没有参照模型，建设卖场就只能靠自己思考了。在这种情况下，与其使用语言教育，不如让组员们亲身去感受，这才是最快的方法。有了这样的信念以后，镰田就带着年轻的部下们出发了。

站在新宿百货商店的展柜前，闭上眼睛，能听见什么样的声音呢？接下来，在车站大楼的卢米奈[1]商场，也请闭上眼睛感受。百货商店里播放的是单一的音乐，而在卢米奈商场里可以听见来自各个摊位的好几种音乐。这就是统一布局和场地出租的区别。

镰田说：“重要的是要让他们产生主人翁意识，意识到自己从

[1] 即 LUMINE，JR 东日本旗下经营车站大楼型商场的企业。——译者注

事的是零售业，而不是场地出租。我想让他们用身体去感受。”

其中，她投入精力最多的是与部下共享“店铺建设的坐标轴”。项目组的目标是打造“高品质的卖场”，其高品质的标准是什么呢？

有一天，她让部下们从20家店铺各买了一个草莓蛋糕。为了不让人知道品牌名称，将蛋糕拆掉包装放在外面进行试吃。通过讨论哪个最好吃，让他们用身体记住“高品质”这个词的含义。

接下来，等待这些成员的是“地狱式的MD会议”。MD是商品策略（Merchandising）的简称，镰田女士执着于目标店铺的设计理念，要求他们找到符合这一理念的候选商户。

在大宫站内计划开设的店铺理念是以街头市场为原型的“市场大道”，品川站是充分利用个人时间的“高级私人服务”，而立川站则被确定为“自我定制”，来店的顾客可以按照自己的方式灵活定制。MD会议就是各成员根据自己所负责的不同领域去寻找候选商户然后进行演示的会议。

之所以被称为“地狱”，是因为成员们提出的候选商户几乎都没有通过，“失败的提案”接连不断。对于为什么要特意设置如此严格的门槛，镰田女士这样解释道：“成员们会向我提议说‘我觉得这个品牌不错’。但是，当被问到该品牌否真的与追求高品质的标准和方向一致时，他们表示自己只是盲目地接受了社会或他人的评价，于是提案进行到一半就陷入了僵局。这些提案像箭一样一次次射向我，到最后我连‘嗯’的声音都发不出来了。有些部下变得情绪低落，我也开始胃疼。但即便如此，我们也没有妥协，因为我们还没有任何业绩，为了说服候选商户，即使表现拙劣，也必须用自己的语言向他们传达希望他们开店的想法。"这场冲突也被称为"公开处刑"，从中得到锻炼的年轻员工们确实发挥了自己的力量。

与候选商户开展租赁合作（交易谈判）非常困难。只是打电话会被拒之门外，即使见了面，当指出开店位置是在"车站内部"时，对方也会因为担心破坏品牌形象而拒绝合作。还有很多店铺难以应对全年无休的长时间营业和批量生产。尽管如此，成员们还是去了很多次，坚持不懈地对商户进行劝说。

"他们需要自己亲自去尝试，当确信这件事对客户来说确有必要时，只要不偏离大家共同确认过的高品质标准和方向，无论有多困难，我都会鼓励他们尽力去劝说。这简直就是《101 次求婚》的世界。"镰田这样说道。

要点 3：人在被逼到绝境的时候会变得强大

即使他们历经千辛万苦得到了商户的开店承诺，也并没有就此结束谈判。与以购物为目的的百货商场不同，站内商场的功能是让步履匆忙的顾客停下脚步，并且吸引他们前去购物。在这里，采取和百货商场同样的措施是无法招揽顾客的。

两者的商品价格区间也不相同。例如，在礼品方面，对于返乡用的或是去朋友家的伴手礼来说，需要的是介于 800—2 000 日元之间价格适中的商品，但是对于有更多高价位商品的候选商户来说，这类商品就比较缺乏。于是，他们就向店铺提出了为车站内部开发新业态、新品牌、新商品的“过分”要求。

较高的门槛和困难的谈判影响了整个计划的进度。如果无法确定开设的店铺，内部施工就会受到影响，而这一部分又牵涉到了很多工作人员。随着开业日期的临近，即使缩短工序也来不及了，所有的事情都要同时进行，他们担心现场会出现一片混乱的局面。

如果降低要求，时间可能会变得更宽松；如果改变上司和部下充分讨论的工作方法，工作进展可能会变得更快。但是，他们拒绝了这些选项，认定“正是因为明确了需求的标准和期限，反而发挥了个人的能力”“仅对部下进行指示的简略工作方法会导致偏差，反而需要花费更多时间”。

镰田说：“人在被逼到绝境的时候会变得强大；越是处于痛苦的状态，也就越能理解别人的痛苦。按照现在的进度，装修和设备施工都会来不及。在这种紧急情况下，设计负责人每天晚上都在现场待到深夜，在进展缓慢的项目方和负担加重的工作人员之间费尽心思地进行最大限度的协调。工作人员也知道这一点，所以一直支持我们到最后。”

就这样，年轻的团队克服了局限，迎来了 ecute 一次又一次的开业。那里有首次推出简单家常菜的老牌料亭[1]“滩万厨房

[1] 料亭：日式饭馆。——译者注

STATIO”、知名西点店为了伴手礼而设计的“BOBBY JUCHHEIM”[1]等，新业态和新品牌鳞次栉比。

开业前，他们放弃了周末，每天坐末班电车回家。有一位女性职员，因为压力和疲劳，开业当天早晨起床后，发现右眼肿了一大圈。对于让她休假去医院的指示，她本人则表示“只有顺利开业之后我才能活过来”。听到这句话，镰田女士不禁流下了眼泪。

要点 4：在开展商业活动中培养人才

开业以来，ecute 的业绩稳步增长。对于其大受欢迎的原因，据说“有很多想不明白的地方”。但是，开业后他们也没有停止努力，努力持续开展的进攻型销售确实起到了推动作用。

车站和普通的商业设施不同，是顾客每天都会经过两次的地方。如果不发生任何变化，它就只是一道单纯的“风景”。为了能吸引顾客回头看，必须不断地进行变化。考虑到这一点，他们不仅对常设店铺的商品进行改造和淘汰，还提炼出营销策划创意等，每两周就利用店内的自由空间，持续推出活动。

镰田女士在培养部下方面也下了很大的功夫。与历史悠久、规模巨大的百货商场相比，对于刚刚诞生且规模有限的 ecute 来说，想要维系与客户之间的信赖关系，只能继续保持自己身上

[1] BOBBYJUCHHEIM：中译“鲍比 · 尤海姆”。——译者注

“不会枯竭的东西”。为此，她让年轻成员轮流去国外出差，让他们去考察西点比赛、去体验用于圣诞节活动的商品采购等。

从2008年开始，他们以“EKITAMA（站田）”为名，自己成为店主，在田町站开设了直营热狗店和夹心冰激凌店。这对于让他们切身体会“淘汰商品的痛苦”具有一定意义。

在ecute，整体的销售额归ecute一方，其中商品的进货成本也由它支付给开店店铺。采购并非全部买入，而是采用在门店销售额上升时才被计入的所谓“消化采购”的方式。虽然ecute一方无法知道店铺的销售额，但也不用承担太多的库存风险。

另一方面，直营的EKITAMA，必须自己承担所有风险，开发并销售商品。热狗是将山形县庄内平原牧场出产的顶级香肠夹在石窑里烤制的面包中；夹心冰激凌是用金泽老字号专卖店的糯米原料（皮）把新鲜的冰激凌包裹起来，而这种冰激凌则来自不拴绳子养牛的琦玉县牧场。

“卖不出去就得扔掉，只有直营店才能体会到扔东西的痛苦。在EKITAMA这种小型商店，展柜只是一个6尺（1.8米）长的柜子。那么，使用地方生产者努力生产的真正的好东西，在什么时间段、以什么样的单价、迎合什么样的需求、用什么样的商品结构，才能吸引顾客驻足呢？我想让他们拥有联结的能力，所以创立了EKITAMA。”

镰田女士介绍了开设直营店的理由。对团队成员来说，这也是继承领导者智慧所需的考验。

要点 5：如果害怕组织内部的“坏话”就无法前进

1989 年，镰田女士作为 JR 东日本第一批四年大学文科毕业的职员进入公司。第二年，她被分配到上野站文化设施、酒店及百货商场建设的开发项目中。但是，她完全无法跟上周围人的专业话题。于是，她主动申请调到一家大型百货商场，在两年的时间里跑了 20 个部门，从销售到流通，再到策划，在现场进行了彻底的学习和吸收。

“这次体验对我来说很重要。”她说。

之后，她参与了立川车站大楼 Granduo[1] 的建设，她一直活跃在该领域。据说，ecute 公开招募项目成员时，为了让大家产生亲切感，有人偷偷在介绍现有职员的手册中称她为“所有人公认的百货商场魔鬼！魔鬼！魔鬼!”——她就是如此令人另眼相看的存在。

当初在铁路事业的纵向组织中引入横向联结时，公司内部并不看好她，甚至有人在背后议论她。这大概与 35 岁左右的女性担任领导者有关。

“如果害怕被别人说坏话或讨厌，那么我们就永远无法前进。即使暂时被人说一些不好听的话，只要事业顺利，自己也参与其中，就会变得开心起来。而且，越来越多的人站出来承认那件事是他们做的。如果我真的能变成他们所说的样子，那就太棒了。”镰田女士说。

---

[1] Granduo：JR 东日本和阪急百货商场合作开发的商业设施。

她并没有拥有任何特权，最后却让反对者也参与进来了。为什么能做到这一点呢?

“工作中没有独一无二的答案”是镰田女士的信条。ecute 项目没有现成的模式，一开始也没有人知道项目的答案。因此，团队在持续不断地寻找。不过，从镰田女士的工作方式来看，似乎正是因为她毫不妥协地将各种事物努力联结在一起，才有了随后浮现的最终答案。

包括反对者在内的很多人都被卷入了这股寻找答案的潮流中。同样被卷入其中的还有在上层尽力协调的上司和作为后盾的管理干部们。

在这个过程中，她将柔软与坚韧、细腻与刚强、勇气与热情结合在一起，把“他人之事”当作“分内之事”，主动承担“分内之事”而不转嫁他人，始终保持行动的姿态，给人留下一种经商“女老板”似的印象。由此，我们可以在这个低迷的时代看到一个变革领导者的典型形象。

◆解释篇

本质 1：能否透过“物质”看到其背后的“事件”

在 ecute 项目中，一切始于他们把车站视为一个事件，而不是单纯的物质。以前，车站只不过是上下车时经过的地方。而项目组则打算把它变为购物、吃饭、消磨时间、聚会等享受生活的场所。所以，他们决定自己对展柜进行布置和设计。

那么，物质和事件有什么不同呢？前文提到的怀海特是以“事件”为单位看待世界的。在事件的基础上加入空间上的意义和时间上的流动，就形成了“活动性存在”的概念。

怀海特的研究者、中央大学教授中村升认为，“活动性存在”是指“此时此地”正在创造的“经验本身”。他指出“此时此地正在经历”的“事件”才是“活动性存在”的真实面目。

也就是说，物质和事件的区别是以人的经验为基准的。著名精神病理学家、京都大学名誉教授木村敏在《时间与自我》中，用下面的方式，对物质和事件各自的含义进行了通俗易懂的解释。

例如，“从树上掉下来的苹果”这一物质和“苹果从树上掉下来”这一事件有什么不同呢？书上说，在这种看法的差异中“蕴含着决定性的差异”。当使用“从树上掉下来的苹果”这种物质性的说法时，“正在观看这一场景的人抹去了自己在场的事实”，“这一物质与观看之人的主观意识没有任何关系，可以将其定位在距离那个人几米外的地方”。

另一方面，当使用“苹果从树上掉下来”这种事件性的说法时，明确包含了两方面的命题，分别是“从树上掉下来的苹果”以及看到这一物质后对“苹果从树上掉下来”这件事产生的主观感受。也就是说，如果没有以某种形式经历这件事的主观或自我，那么即使存在“从树上掉下来的苹果”，也不能叙述为“苹果从树上掉下来”。

也就是说，“从树上掉下来的苹果”是一种客观物质，与正在观看这一物质的“我”所拥有的主观意识无关；与此相对，“苹果从树上掉下来”这件事并不是客观的，它还包含了“我”正在经历这一过程的主观感受。正是有“我”的存在，才会产生“苹果从树上掉下来”这一事件。

这种对物质和事件之间差异的解释正好直击本质。物质的存在与人是否参与其中无关，而事件则成立于与相关人员的关系中，作为人的经验而生成。

● 物质和事件有什么不同？

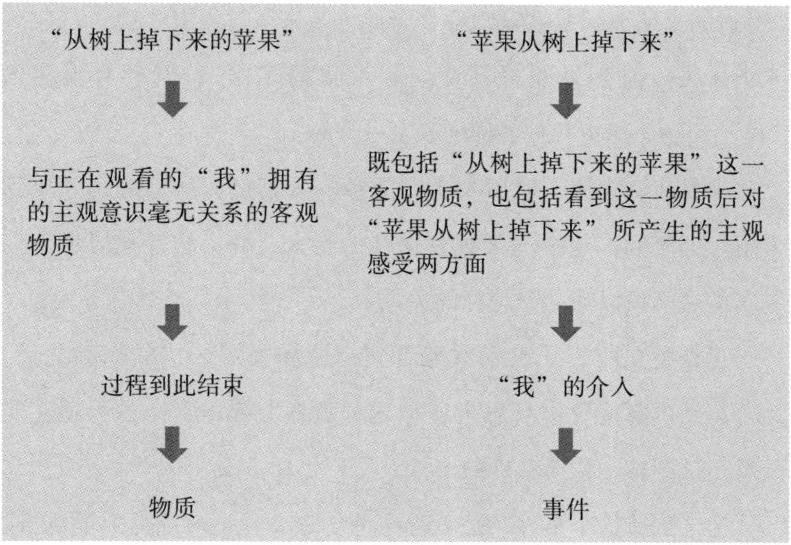

与此相关，脑科学家茂木健一郎也提出了一个有趣的观点。为什么牛顿看到苹果从树上掉下来会想到“万有引力”呢？茂木

在《脑内现象："我"是如何被创造的》中这样叙述道："苹果是自行掉下来的吧……如果对此没有好奇，重力定律就不会被发现。苹果为什么会掉下来？而月亮为什么看起来就不会掉下来呢？只有站在苹果和月亮等'他者'的立场上思考，才能开辟发现重力的道路。"

也就是说，"我"介入其中，在苹果从树上掉下来的过程中，"我"站在苹果的立场上思考，觉察到了物质背后的事件，之后当物质变成事件的时候，万有引力就被发现了。

镰田女士也想透过车站这一物质看到其背后各种各样的事件。"经过的车站"只是客观地存在于此，与来往过程中"我"的主观意识无关。但如果能将其变成"聚集的车站"，就会有很多的"我"到场，产生各种各样的联系（事件）。

项目启动之际，镰田女士在隆冬的大宫站，从首班车守候到末班车的时间，连续三天观察来往的行人，绞尽脑汁地思考人们和车站之间可以建立起怎样的关系。

正如她在西班牙巴塞罗那看到高迪和蒙塔内尔的作品之后，结合车站内部情况进行思考所呈现的那样，镰田女士的强项在于她总是试图感知物质背后的事件。

为了创造这个事件，她重视店铺的理念，追求高品质的标准，精心选择每一家店铺。之所以彻底排除"只是盲目接受社会或他人的评价"的这种店铺选择，也是因为她执着于创造 ecute 独有的事件，即注重与顾客的关系。

从物质性思考中脱离，转变为事件性思考，车站内部创新成功的首要本质就在于此。

本质 2：不是“物质”而是“事件”创造竞争优势

为什么现在需要创造事件呢？

有一个非常容易理解的例子。美国苹果公司的便捷式音乐播放器 iPod，从在此之前以不可撼动的品牌影响力著称的索尼随身听手中，一举夺取了市场占有率第一的宝座。

iPod 是由本身的硬件、音乐管理软件 iTunes、信息发布服务 iTMS（iTunes Music Store）结合而成，任何唱片公司音乐人的歌曲都可以随时通过网络以数字信息的形式获取并欣赏，这种新事件的创造，获得了消费者压倒性的支持。

在营销方式上，通过网站上介绍与服装进行搭配的案例，将其作为时尚的一部分，面向女性用户宣传一边使用音乐播放器一边走路的新潮流，从而获得了巨大的成功。

作为产品的硬件，虽然其设计是由苹果公司完成的，但零部件的采购和组装则与中国、日本、韩国、英国、荷兰、印度、美国等许多国家的企业有关，并没有投入苹果公司特别优秀的技术。

另一方面，索尼的随身听在 1979 年首次登场时，创造了不受场所限制、随时随地都能听音乐的全新体验，成了全球热销的商品。但是，在通过网络发布音乐这一新事件上起步比较晚。因为它旗下的唱片公司拥有自己的音乐人，要求对版权的严格保护，它优先考虑了企业的逻辑，而不是为顾客的需求创造条件，所以失去了品牌影响力。

近年来的热门案例都是通过创造事件引起用户的共鸣从而获得成功。例如，三得利的绿茶饮料“伊右卫门”。以物质观点而言，该商品也从以前以杀菌为目的的加热填充，转变为了不破坏风味的常温填充，因为采用了具有划时代意义的非加热填充方法，所以实现了前所未有的高品质。但是仅凭这一点并不能保证它会热销。

实际上，项目组通过“你认为绿茶饮料是如何生产的”等情景设定，对各类饮料的生产商开展了形象调查。结果，关于伊藤园的回答是“传统制法”“紧邻茶田”等等，多次出现给人留下好印象的词语；而与此相对，关于三得利的回答却是“乌龙茶工厂的旁边”“威士忌工厂的角落”等。

于是，三得利与创立于宽政二年（1790 年）、200 年间一直专注于茶叶品质的京都茶铺——福寿园进行了艰难的谈判，最终决定共同开发。商品名称也沿用福寿园的创始人伊右卫门的名字，伊右卫门的角色由演员本木雅弘出演并在电视广告中播出。即使是绿茶饮料，也能和日本自古以来的生活产生联系，使人心情平和。他们通过这些方式进行事件创造，从而获得了成功。

开业数十年后依然需要排队的“新横滨拉面博物馆”也是如此。馆内开设了各地有名的拉面店，他们提供的拉面作为物质来说个个都是极品。但是，如果只能吃到美味的拉面，这里是不会持续大受欢迎的。

馆内完美再现了昭和三十三年（1958 年）方便面发售时令人怀念的街景。他们执着于仰望晚霞时天空的高度，为了使其上升 3 米而投入了上亿元的费用，在街景再现上倾注了很大的精力。前来参观的客人会访问某个令人怀念的街道，吃着深受当地人喜爱的拉面，内心也会得到满足。这就是事件创造十分成功的案例。

现在是一个“知识经营”的时代，企业在提供的商品中投入了多少新的“知识”受到人们关注。而且，不断创造新知识的企业被称为“知识创造型企业”（Knowledge Creative Company）。

优秀的知识创造型企业有一个共同点，那就是在商品开发中都非常注重理念的打造。理念比商品本身的价值更能左右竞争优势，当顾客对理念产生共鸣时就会产生购买行为，由此与制造商和卖方共享理念，这里的理念就是一种事件创造。

创造事件的是通过实践和思考与自身融为一体的知识，其源泉是那个人的信念和想法。ecute 项目也是以镰田女士的信念和想法为原点，将车站从“经过的车站”变成了“聚集的车站”。

正如管理学家彼得·德鲁克在《后资本主义社会》中所说的那样，“知识成为唯一有意义的经营资源”，这就是知识社会。在知识社会中，人们追求的不是单纯的物质制造，而是事件的创造，人类创造新事件的能力是企业竞争力的源泉。

本质 3："事件创造"必须不断地变化

车站和普通的商业设施不同，是顾客每天都会经过两次的地方。因此，如果 ecute 不做出任何改变，它就只是一道单纯的"风景"。为了避免这种情况发生，车站需要不断变化。

这准确表现了事件创造的本质。物质的存在与人是否参与其中无关，而事件则成立于与相关人员的关系中。这种关系并非"何时何地"都成立，而是产生于"此时此地"（here and now）。因此，每一回、每一次都会建立新的关系。

今天的物质和明天的物质都是同一个，但明天的事件和今天的事件却有所不同。如果车站是作为途经的场所（物质），那么今天的车站和明天的车站就是同一个。但是，对于 ecute 来说，今天来购物、吃饭的事件和下次再来购物、吃饭的事件是不一样的。

这个时候，如果 ecute 完全没有变化的话会怎么样呢？那么，关系就会呈现常态化（惯例化），ecute 就会变成单纯的"风景"，事件也会变回物质。因此，为了去常态化、去风景化，车站内部也要不断变化，不断生成新的事件（关系）。在这一点上，他们看透事情本质的洞察力非常出色。

ecute 大受欢迎、人气不减的第二个要点就在于不让自己创造的事件过时、不断做出改变。

本质 4：想要看透看不见的本质就要掌握"内部视角"

镰田女士为什么能看穿肉眼看不见的本质呢？在此，我们来探究一下镰田式的智慧方法。

镰田认为“想要自己思考如何打造卖场，最好的方法就是亲身体验”，于是她带着项目组的年轻成员到新宿的百货商场和车站大楼里，让他们闭上眼睛聆听声音。这是站在顾客的立场、从顾客的视角亲身体验卖场经营的一种尝试。

我们就算去了百货商场和车站大楼的现场，恐怕也只是站在旁观者的角度进行“观察”吧。然而，镰田却不是这样，她通过行为与事件产生联系（主动参与），一边与顾客“共同体验”，一边运用“内部视角”去感受。这就是镰田女士智慧的方法。

项目启动之际，她连续三天在大宫站观察来往的行人，当时就像她说的那样，“关于车站的事件，我比任何人都更能站在顾客的角度去考虑”。在与顾客共同体验的过程中，她用内部视角去感受，直观地领会到了“聚集的车站”所追求的本质。如果她只是充当分析对象的观察者，ecute 就不会产生了。

镰田过去被调到百货商场工作的时候，也曾自愿做出主动参与的承诺。正因为如此，她才在短短两年的时间里，通过行为来认识现实，掌握了零售业的本质。

当看到高迪设计的建筑物时，她也能从曲线和光线的射入情况等微观事物中直观地捕捉到本质的东西，从而与营造真正温暖的空间这一宏观概念联系起来。这正是因为她具备了一种深入内心的视角。

另一点值得关注的是，为了将这些知识方法共享并传授给部下们，她非常重视在现场和他们一起体验感受的所谓“直接经验”。部下们也基于“通过行为来认识现实”的方法，通过在百货商场和车站大楼里闭上眼睛聆听声音、试吃并比较已经拆掉包装的蛋糕等，各自直观地感受事物的本质。但是，在那个阶段，这些只不过是每个人的隐性知识。

于是，他们在“地狱式的MD会议”上重复对话，试图创造出一种共通的语言。镰田和年轻成员们一起分享事件的“场景创造”也很出色，从中也能看到ecute成功的本质吧。

本质5：“勇气和热情”来自直接经验

除此之外，令人佩服的还是镰田女士作为领导者所具备的“勇气和热情”。一般来说，当我们谈论领导力的时候，并不怎么会强调“勇气和热情”。但是，这个案例再次告诉我们，勇气和热情是实现变革创新非常重要的因素。

在ecute项目中也采用了“实践性三段论法”。也就是说：

“目的”——从“经过的车站”到“聚集的车站”，对车站进行改变

“方法”——按照各个店铺的理念打造“高品质的卖场”

“行动”——绝不妥协地实行

即使遇到巨大的困难，勇气和热情也是推进这一“实践性三段论法”的原动力。

勇气和热情来自现场的直接经验。镰田把客户的租赁工作独

立地分配给了部下，年轻的成员们也在这里积累了直接经验。

最后，在所有事情都同时进行、每个成员都必须做出判断的时候，这些直接经验带来的勇气和热情支撑起了他们各自独立的分布式领导力。

一个成功的项目，它的过程也富有故事性。随着故事情节发展，人们参与其中。由此，我们就可以看到变革领导力的其中一种存在方式。

案例四　丰田的奇迹——丰田汽车 iQ

跨越“改善”阶段，产生“跳跃性思维”，车身短小轻便的四人座汽车是如何诞生的？

◆故事篇

最能代表日本制造业实力的领域就是汽车制造业。汽车也有物质和事件两个方面，而事件创造则体现在商品开发的理念上。在日本的汽车制造商中，特别注重理念的就是本田（本田技研工业）公司。追求“本田风格”可以说是他们创业以来的 DNA。

另一方面，丰田汽车的汽车制造是由每个员工的“改善之魂”来支撑的。改善是在解决现场个别具体问题的同时推导出普遍概念的过程，也就是说，这是典型的从局部到整体的归纳法。

但是，仅靠归纳法是很难飞跃到新事件创造这一层面的。当时丰田开发出原创性极高的汽车，引起了人们的热议。这就是2008年11月上市的超小型汽车“iQ”。在这个开发过程中，如何使用“跳跃性思维”实现新事件的创造，就充分体现了事件思维的真谛。

故事的主人公是被提拔为iQ总工程师（车辆开发负责人）的中岛裕树。

“听好了，中岛，你要坚持提出不可能的要求！不久之后，不可能就会变成强求。”

项目一开始，负责开发的冈本一雄专务（现任副会长）就对中岛说了这样一句话，表达了开发的困难程度。不过，在对这句话感到震惊的同时，中岛这样说道：“我还有一种恍然大悟的感觉。”

“所谓不可能，本来是指不符合道理的事情，但项目成员中的技术人员说‘不可能’的时候，一般都会基于某种前提条件，只不过是在表达自己做不到而已。因此，理由明确的‘不可能’反而更好，如果去掉前提条件，就会单纯地变成强求。我们要把不可能变成强求，让大家一起来解决强求的问题。在这个被认为强求的iQ项目中，我最大的作用就是坚持说不可能。”

iQ是一款追求极致精巧（小型化）的汽车，车身全长不超过3米（2.985米），比轻型车短40厘米。尽管如此，它还是能确保定员四人，使车内空间足够容纳三个大人和一个小孩。为此，iQ

中使用了一种叫作差速器反置的技术。差速器（differential gear）是在车辆转弯时将发动机输出的动力分别传递给左右前轮的差动齿轮。它通常被放置于发动机后方，如果把它放在前面，前轮就可以安装在发动机之前，车内空间也会因此而增大。

他们进一步绞尽脑汁，开发出了100多项新技术。例如，对安装在副驾驶座前面小储物箱深处的空调组件进行精简，安装位置也移到驾驶座和副驾驶座之间，相应地，副驾驶座脚下的空间就会变大；油箱采用超薄型化设计，收纳在前座的地板之下；前座的座椅靠背也做成了超薄，使后座的人不会觉得膝盖周围空间狭窄……这些都是通过“坚持不可能”实现的。我们来试着把“不可能”变成“强求”，模拟一下解决问题的过程吧。

要点1：站在商品的使用现场思考开发理念

iQ作为汽车的开发项目始于2006年，而技术上的先行开发早在2005年年初，是从中岛先生被冈本专务下达这样的命令之后开始的。

“中岛，你今后要做的事情是组装革新。而且，你不仅要开发新技术，还必须从一开始就下定决心把组装的汽车推向世界。无论发生什么都要把它制造出来！”

组装是指发动机、轮胎、座椅等的基本布局，是车内空间的决定性因素。如何有效地提高车内长度相对于总长度、车内宽度相对于总宽度的比例，是汽车制造中“永恒的课题”，也是丰田在过去的许多车型上一直追求的课题。但是，在当时的开发团队中出现了一种停滞感。

中岛亟须突破这一点，寻找“终极的组装”。而且，他必须在此基础上，对汽车进行商品化，并且只许成功不许失败。中岛表示，负责开发的高管这种强硬的语气让第一次担任总工程师的他切实感受到了肩上责任的重大。他说道：“要实现组装革新就必须建造一个全新的平台作为车体基础，发动机、变速器、车身和底盘也都将焕然一新。丰田虽然擅长改善，但清零重置能否顺利进行，还伴随着巨大的风险。明明大家原本分别负责平台开发和车辆开发，但这一次，公司起用了在这两方面都毫无经验的我作为项目负责人。”

中岛在公司里被人称为“推土机”，这缘于他身高 1.85 米的健壮体格和为人们所公认的“任性且具有开创性”的性格。

即使在会议上被上司狠狠地骂“笨蛋”，他也不会默默地离开。如果上司用“但是”进行喋喋不休地抱怨，他就会周旋道：“我想说的就是这个，既然如此，这件事就交给我来做吧。”于是，上司就会说“那就让他做吧”，不知不觉之间，风向发生了变化，会议也结束了。他一直重复着“被骂一次争取一次”的过程。

中岛出生于大阪，从京都大学工学部资源工程系毕业后进入研究生院深造。虽然进入钢铁公司工作是他们常规的职业路线，但是他为了跳出这个框架，通过教授的介绍，在 1987 年进入了丰田公司。他表示“对汽车并没有特别狂热的兴趣”，学生时代开丰田的跑车飞狮子（Soarer）也是因为“一心想受女生欢迎”。进入公司后，他也没有选择负责开发设计的当红技术部，而是希望进入生产技术部门，成为一名戴着安全帽泡在工厂里的员工。

之后，他被调到了技术部。当时其他负责人都已经放弃了针对侧面碰撞的安全气囊开发，该项目被“战败处理”式地委托给了他。他反而奋发图强，实现了该安全气囊在世界上的首次应用。“无论去哪个部门，我都想着自己是最能干的，所以很快就会充满自信”，这种乐观的性格帮助他在逆境中反弹。

曾经有一段时间，他被调到了管辖丰田生产方式的生产管理部门，再次回到技术部后不久，就被冈本专务叫了过去。并且，在商品化的车辆开发开始之前，他就被赋予了总工程师的称号，这是史无前例的。

“为什么在车辆开发之前，从平台开发阶段开始就竖起了总工程师的旗帜呢？那是为了向公司内部表明一定会让商品取得成功的决心。那么，为什么没有经验的我会被选为项目负责人呢？为了实现组装革新，包括生产系统在内，必须在各个地方挖掘漏洞，改变既有的做法。比起纯粹在技术部培养出来的人，他们更需要能对生产技术和工厂情况等直言不讳的‘推土机’。他们不希望通过被经验验证的想法来寻找答案。”中岛先生说道。

目标汽车把紧凑型车的发源地——欧洲设想为主战场。于是，中岛先生立即飞往欧洲，他完全不关心高速公路，而是开车在意大利和法国的乡间小路上行驶，持续观察汽车的使用方式。据说，修道院的尼姑们纵列式停车的高超技术令他啧啧称奇，深山老妪精神抖擞地开车的样子也让他感到惊讶。

有一天，他降落在意大利博洛尼亚的机场，被一个面积异常狭小的停车场和它的标识牌吸引了目光，上面写着“只允许停放全长不超过 3 米的汽车”。实际上，这意味着这个停车场是戴姆勒公司的双座超小型车精灵（smart）专用的。看到这一情景，中岛先生的脑海中浮现出了这样的想法：“那么，我们就造一辆能坐四人而不是两人，并且能停在这里的车吧！”

这一切都始于他在这个意大利地方机场的小停车场里闪现的灵感。恰好当时欧洲正在积极推行对汽车二氧化碳排放量的自主限制，如果投入彻底精简的、二氧化碳排放量少的小型汽车，按平均排放量计算，制造商就能符合规定，同时还可以进行大型汽车销售。

但是，丰田已经开始销售威驰等小型车了，同样的分类可能会导致两败俱伤。如何解决这个问题呢？

中岛提出了这样一个概念。目标汽车虽然是尺寸最小的 A 级车，但性能和安全性却超过更高一级的 B 级车，而内饰等质感则以更高级别的 C 级车为目标。目标对象不是以年龄、性别和现有车型等既有因素作为切入点，而是以价值观和生活方式为基础展开联想，将目标锁定在愿意为了个性化的东西而付出代价、被称为“后现代主义”的群体。他本人这样描述他的目的：“一直以来，汽车制造商中都有从小型车到大型车的‘大小等级制度’。我要制造一款打破这种制度的汽车。我们用高级紧凑型这一概念来表达这层意思。但是，以‘皇冠车系’为顶级目标的丰田一直采用的是基于等级制度的全面发展战略，而这对于丰田来说是未曾踏足的领域。”

要点 2：让说“不可能”的部下着眼未来，思考现在应该做的事

通过组装革新，他们打造了一款打破现有等级制度的汽车。汽车的全长比轻型车短 40 厘米以上，不足 3 米的汽车可以乘坐四人。

就算是“推土机”，中岛也自认为是“搭载精密计算机的推土机”，半年后，他在丰田的组织内部举行了一次统一目标的活动。以技术部门的高层领导为首，召集今后参与车辆开发的现场技术人员，以“展示会”为名，让他们了解先行开发的全貌。展示会的特别之处就在于展示方式。

“不能超出这个尺寸，我们一开始就对开发的‘约束条件’进行了明确限定。当有人问现在的技术人员，各个部件最小能做到什么程度时，他们不但不会刻意提高难度，反而会给自己留出一定的空间，然后从那里开始一点点突破障碍，让自己看起来像是做出了贡献。倘若果真如此，那么革新就不可能成功。所以，我们在展示会上进行了强烈呼吁。发动机、空调和油箱都必须限定在这个尺寸内，否则就制造不出全长小于 3 米的汽车。我需要实现

这个目标的新创意。为什么是3米呢？我们没有依据。但是，如果能在这个框架下制造出打破现有等级制度的汽车，并且被市场接受，那么世界也许就能发生改变。我们对‘约束条件’进行定义，也是为了唤起技术人员挑战新事物的精神。”

但现实却是困难层出不穷。当他们把“约束条件”定义为车辆精简，并持续提出“不可能”的要求时，很多限制阻挡了革新的道路。而且，在这些限制中，也有不少与丰田的优势密不可分。

丰田推动零部件和技术的标准化，追求彻底的成本削减。技术人员以这种标准化为理由，一味地强调革新的“不可能”性。根据丰田的理论，这种意见是正确的，因此在理论层面上，中岛是难以取胜的。然而，中岛重新审视了标准化的意义，对技术人员这样说道：“通用零部件总有一天会更新换代。那时，如果不能立即拿出新的武器，就会在竞争中被淘汰。这样看来，只有勇于挑战新事物、拥有下一步打算的人才能获得推进标准化的资格。那些认为只有维护标准化才是工作的人，真是大错特错了。”

我们要让技术人员着眼于比现状更高层次的未来，劝说他们现在应该做什么，并持续不断地提出“不可能”的要求。

要点3：如果领导者能广泛展示输出的形象，那么他的部下就会涌现新的想法

“改善”是丰田的看家本领，有时也会成为它的枷锁。即使

“更好、更小”的改善之魂是必要的，我们也无法仅凭这一点就联想到要制造一款“四人座且全长不超过 3 米的汽车”。于是，中岛先生不断地强调输出的形象，呼吁大家在他所追求的精简之外关注其他事物的产生。

以空调为例。当我们压缩机身之后，会呈现怎样的世界呢？通常的压缩是指以节省空间为目标，分别缩小开关的控制杆和按钮的尺寸。那么，如果不这样做，尝试一种全新的设计会怎么样呢？基于此想法，一种崭新的设计诞生了。在这种设计中，多个开关集中在一个圆形转盘上，只需通过“按”和“转”的操作就能调节温度、风量和模式。

关于它的意义，中岛这样解释道：“这种设计并没有基于以往的改善思维而将 3 个开关的尺寸缩小，而是将功能集中在一个圆盘上。其结果是设计出了一个前所未见的作品，产生了一种全新的舒适感。这也属于精简的一种。这种设计不仅仅实现了小型化，节省了空间，而且拓宽了精简的定义，扩大了输出的形象，使思维从改善的层面‘扑通’一声跳跃出来。当出现了与以往的汽车制造不同的可能性时，就会有人表示‘那么，我们的团队也来帮忙吧’，于是同伴就渐渐多了起来。”

要点 4：通过试验实现“可视化”，创意就能进一步得到强化

就这样，很多不可能的事一件件地变成了强求的事。于是，

中岛先生也开始寻求这些问题的解决办法。当限制条件被取消，技术人员的脑海里冒出一个个想法的时候，他们对所有这些想法都进行了试验，使创意得以成型。

通过试验将创意“可视化”之后，就会有意想不到的发现，从而进一步强化创意。这对技术人员来说是莫大的喜悦，激励他们再次寻找灵感。由此，良性循环开始了，强求的事一件件得到了解决。

在这个过程中，如果需要相应的预算，他就去和上层交涉。

“在预算谈判时，最重要的是‘如果这个想法进展顺利，就能生产出如此崭新的汽车’这种‘冠冕堂皇的理由’。同样是1万日元，上层的态度会依据这个冠冕堂皇的理由，发生从‘1万日元太多了’到‘1万日元够用吗’的巨大转变。”

这种申请预算的方式也是中岛先生独有的。

要点5：欺骗反对董事的行为也是一种“必要的恶”

但是，对于iQ项目，丰田公司内部的赞同者并不多，甚至可以说“到处都是敌人”。对于站在现有框架内的人们来说，他们无法理解为什么要把资源投入到那些鼓吹打破大小等级制度、连成功率都无法预测的项目上。他们的这种不理解也是理所当然的。面对这样的否定论调，中岛也采取了一些“保护”措施。

在丰田有一个叫作高管研修会的会议，会上每到一定阶段，高管层就会对正在开发的汽车进行试驾，以检验其达成的标准。

如果，把 iQ 这种个性明显的汽车拿出来试驾会怎么样呢？如果某位董事强烈反对，那么其主管部门就会遭到否定，弄不好的话，项目就可能会陷入僵局。

为了防止这种情况的发生，中岛自始至终贯彻着这样的方针：在高管研修会上，从不展示样车，既不给他们看，也不让他们乘坐。名义上是为了“保护机密”，但从某种意义上说，“这也是一种欺骗”。

不过，在汽车的完成度得到认可后，他以个人的名义邀请一位曾经持批判态度的销售部门领导参加了试驾。完成试驾路线后，这名高管微笑着对他说：“中岛，做出好东西的人就是赢家。”据说，他留下这句话就离开了。此后，销售部门的态度就从反对转变为了赞成。

要点 6：引进开创型人才，适材适所

“男子气概项目”——中岛自己这样称呼 iQ 的开发。当难题出现，会议陷入僵局的时候，他以帮助弱者的“远山金先生”[1]为例鼓舞团队技术人员：“我遇到困难了，难道就没有人愿意露出手臂，用樱吹雪来帮助我吗？没有男子气概的家伙，请滚回去！”

当目标和现状之间的差距过大时，要想把这种差距反向转化为激励成员的力量，“靠的不是道理，而是领导者的热情和激情。”

[1] 日本时代剧里的名人。办案时会露出肩上大片樱吹雪刺青，威吓嫌犯俯首认罪。

中岛先生说道。

“因为是在丰田，所以对降低成本的要求也非常严格。当我从成员们那里听说，如果再稍微放宽一点约束条件，成本就会便宜那么多的时候，我也曾动摇过。但我还是停下脚步，尽力想出了一个在现有约束条件下降低成本的方法。在这次开发中，令我感到自豪的一点是保险杠前端到油门踏板之间的距离没有发生变化，也就是说，车内长度从始至终一毫米都没有改变。”

iQ 一上市，一个月的订单量就达到约 8 000 台，相当于月销售目标 2 500 台的 3 倍，表现出了良好的上升势头。继日本年度汽车大奖之后，还获得了日经优秀产品服务奖的特等奖。2009 年起，丰田也开始了在主战场欧洲的销售，为英国汽车制造商阿斯顿·马丁提供代工，同时计划于 2011 年上半年开始在美国推出面向年轻人的品牌塞恩（Scion），并进行销售。

虽说曾因为刹车问题被召回，但 2009 年发售的第三代普锐斯，基本上是在继承第二代普锐斯技术的基础上改进而成的，普锐斯依然畅销，并且有望为公司的收益做出巨大贡献。另外，iQ 是为了“组装革新”而制造出来的汽车。丰田利用改善思维思考和归纳现有技术，在与收益联系起来的同时，有时也会用“跳跃性思维”追求革新。1997 年亮相的第一代普锐斯就是这样诞生的。

为了革新，丰田还引进了推土机式和天狗式的开创型人才，适时给予他们出场的机会。这是因为他们深知，为了实现创新需要什么样的领导力。在这里，我们可以看到丰田式适材适所的妙处。

◆解释篇

本质 1：“跳跃性思维”是在现场、实物和现实中亲身体验“事件”而产生的

在 iQ 的开发项目中使用的“实践性三段论法”是这样的：

“目的”——通过组装革新，寻找“终极的组装”

“方法”——让全长不超过 3 米、确保定员四人的车内空间得以实现

“行动”——如果有改变世界的可能性，就应该采取行动

在 iQ 的开发过程中，作为大前提的目的是由负责开发的高管自上而下传导的。中岛的过人之处在于，为了实现这一目标，他能够通过对某种方法的假设，运用“跳跃性思维”，而这种方法是通过归纳法的改善思维无法生成的。那么，这种想法是如何产生的呢？

汽车也有物质和事件两个方面。虽然中岛一接到上司的开发命令，就立即奔赴欧洲主战场，但他没有把视线投向高速公路。高速公路上的汽车行驶性能属于能够量化的物质的世界。

与此相对，中岛一边开车行驶在意大利和法国的乡间道路上，一边关注汽车的使用方式，也就是说，他将视线转向事件，通过亲身体验来体会事件的意义。而且，从修道院的尼姑纵列式停车的高超技术和深山老妪精神抖擞开车的姿态中，他感受到了一种凌驾于日本的用户和汽车关系之上的全新关系。这种视线与 ecute

项目中镰田先生在西班牙巴塞罗那看向高迪和蒙塔内尔的建筑物的视线一样。

看到意大利地方机场的小停车场里写着“只允许停放全长不超过3米的汽车”的标识牌，他联想到“如果能制造出四人座的汽车实现这个目标，那么不就改变世界了吗?”之所以能产生这样的想法，正是因为他拥有观察物质背后事件的眼光。

如果他只看到物质，那么即使见到标识牌，也只会认为这是个“不方便的停车场”，不会产生任何发现。当然，他也从未想过要制造一款汽车可以停在连轻型车都停不下的狭小空间里。通过和当地人感受一样的事件，他产生了“跳跃性思维”，将眼前的小停车场和自己的汽车制造联系在了一起。

与此相似的还有本田的热销车型“飞度”的开发案例。以飞度为例，其目的是开发一款“体积小巧、空间和功能性堪比小型面包车的汽车”。最大的课题在于其方法能在多大程度上确保后备厢的空间得到充分扩展。为此，开发人员在欧洲各地巡回，在汽车的使用现场接触实物，了解汽车用户的现实情况。

他们在超市里推动购物用的手推车，手拿好几瓶放在汽车上的葡萄酒，切身感受它们的体积和重量，也感受着当时的酷暑和严寒，通过和当地人体验同样的事件，试图从脑海里随意描绘的形象中得到“跳跃性思维”。

物质的存在与人是否参与其中无关，而事件则产生于与人“此时此地”的关系中。也就是说，事件是一个脉络（情景），在人、物、时间、空间的关系中浮现出来。

为此，他们既不是通过演绎法，也不是单纯的归纳法，而是通过溯因法得出别人意想不到的假设。要做到这一点，最重要的就是在现场接触实物、了解现实、亲身体验，并且在探究意义的过程中形成“跳跃性思维”。这也是变革领导者所需要的行为准则之一。

名侦探夏洛克·福尔摩斯经常对他的朋友华生说：“你虽然看到了，但又什么也没有看到。”这是在批评华生，即使实际上接触到现场、现物、现实这“三现”，他也只能从物质的角度来看待，不能用事件思维进行跳跃式推论（溯因）。因此，我们应该拥有福尔摩斯的眼光。

本质 2：即使“物质”对立，只要共享“事件”，问题就能解决

在把“不可能”变成“强求”的过程中，中岛先生也和成员们一起分享了觉察物质背后事件的眼光，从而冲破壁垒。

iQ 是一款彻底追求精简的汽车，技术人员们为了实现“更好、更小”的改善目标而煞费苦心。但如果只是这样，就无法超越物质精简的范畴。以空调为例，仅仅将多个开关的尺寸缩小是有局限的，人们总会觉得无法再向前推进了。此时，即使领导者只说了一句“再坚持一下”，也只会让成员们感到精疲力竭。

为了突破这一限制，中岛先生展示了事件输出的形象，并努

力说服大家。我们不仅仅要追求小型化和空间的节省，还要挑战、超越现有概念的设计，如果最终能实现精简，那不是很好吗？在这种情况下，开发只需转动圆盘、按下按钮就可以完成空调开关的所有操作的新设计，这是一个超越物质改善的事件性突破。

结果，在物质改善的世界里总是局限在自己所负责领域里的成员们，也在成功共享事件输出的形象之后开始申请合作，表示自己也想尝试一下这种新事物。

他通过制造事件说服他人，创造了共享事件的场景，产生了一个多元化的支持和合作网络，解决了“强求”的问题。

另一方面，面对公司内部无法达成共识的反对势力，他特意没有遵守本来应该在高管研修会上检验开发成果的惯例，而是以保密的名义不展示样车。然后，在汽车制造达到一定完成度的时候，邀请反对者本人来到测试场地，让他从现场、现物、现实“三现”的角度亲身体验事物，一下子就把他拉入了自己的阵营。

在运用“跳跃性思维”创造新事件的同时，也要做到与成员共享事物，这是变革领导者必须具备的一大特质。

本质3：“跳跃性思维”需要共同善的追求和梦想的力量

要产生“跳跃性思维”还需要一个重要的因素。iQ 开发的目的是通过组装革新，找到“终极的组装”。而尽可能扩大活动空间、提高组装效率，对汽车制造来说是“永恒的课题”。如果这个目的实现了，用户就可以从痛苦中解放出来，享受舒适驾驶的乐趣。

组装革新正是“为社会、为他人”的课题，其根本上是作为企业追求共同善（common good）的使命。仅靠不断改善的归纳法，是无法实现“全长不到 3 米的四人座汽车”构想的，当他们朝着这种想法跃进的时候，在背后推动的是“为社会、为他人”的共同善追求。如果高层提出了把企业利益放在首位的目的，那么即使他们能做到不断改善，其思维也无法跳跃到创新想法上吧。

“为社会、为他人”的共同善追求，在个人内部与作为技术人员的“梦想”息息相关。当项目组成员以零部件标准化为由指出这种想法“不可能”的时候，中岛就会说“在丰田工作后，你能留下什么?”“你能让自己做过的那件东西留下来吗?”据说这也鼓舞了“技术人员的精神”。

中岛本人认为“如果全长不到 3 米、打破现有等级制度的汽车能够被人们接受，也许世界就会发生改变”，他找到了自己应该这样做的价值。这正是他作为技术人员的梦想。

为了实现思维跳跃，对于共同善的追求（寻找“终极的组装”）和作为技术人员的梦想力（制造一款改变世界的汽车）是必须的。我们应该重新审视向善的想法和梦想的力量。

第三章 ｜

不是“先思考后行动”而是“在行动中深入思考”

序　　言

如果把“思考”翻译成英文，最简单的就是“think”，但还有一个含义更深刻的词叫“contemplation”。它可以译为“深思”“熟虑”或者“凝视”“审视”等，但关键在于“深入思考”。

“思考”和“行动”往往很容易分离，先思考然后再行动。在这种情况下，我们在思考的时候就很容易陷入从外部观察、分析对象的旁观者视角。这就是观察物质的视线。但是，知识创造的出发点在于以身体为媒介的经验，只是从外部进行分析，就不会产生任何新的知识。

看透事物的关键在于“在行动中深入思考”（contemplation in action）。在不断实践的过程中，每次都要对所处的情境深思熟虑、解读关系，及时做出最佳判断。

本章要介绍的两个案例，一个是环境污染严重的霞浦环境再生，另一个是智力障碍者的自立援助项目。无论是哪个案例，如果没有“在行动中深入思考”的行为，环境再生就不会发展为一个动员人数达17万人的大项目，重度智力障碍者也不会成为店内的“招牌女服务员”。

通过这两个案例，我们将学习实践知识的本质。

案例五 霞浦的奇迹——荇菜项目

从“死亡之湖”到“朱鹮飞舞之乡”，调动17万人的环境再生项目。

◆故事篇

从茨城县东南部延伸到千叶县东北部的霞浦是仅次于琵琶湖的日本第二大湖泊。距其北岸约两公里的茨城县石冈市的农村地带，每年5月下旬，在被山林环绕的名为谷津田的谷间农田里，可以看到约200名日本电气（NEC）的员工和家属与当地农民一起努力插秧的身影。

这就是让长期被废弃的荒地起死回生的“NEC农田建设项目”。自2004年开始，这些在完全无农药条件下收获的大米，每年都会由当地的酿酒厂酿成本地酒。

在距离这片农田以南约30公里处的牛久市郊外，在注入霞浦的河流附近的谷津田，当地的小学生在亲手种植水稻。这是隔壁小学的学生们在测量荒地、制定谷津田和山林再生计划、自己撰写递交给国家申请书后，历时3年终于实现的项目。也就是说，这是小学生的“公共事业”。据说，如果施行行政管理，那么项目费用将超过1亿规模，但实际只花了300万日元。

当霞浦流域的种植结束时，区域内约120所小学在校园里建立的生物基地（生物栖息空间）的池塘中，被认定为濒危物种的浮叶植物——荇菜，开始在心形的叶子中间绽放出黄色的花。

另一方面，在当地超市的店铺里摆放着“湖水喜欢的蔬菜”。当时，外来鱼类扰乱了霞浦的生态系统，对渔业造成了冲击。当地渔民将这些鱼类捕获，加工企业将它们加工成鱼粉，农民又把它们转化为有机肥料，由此培育出的蔬菜通过当地的流通部门进行销售。

从日本著名的大企业到当地的农业、渔业、物流、酿酒等行业的经营者，以及居民、学校员工和孩子们，他们所参加的这些活动都是通过一个共享目标的网络联结在一起的。这就是以被称为“死亡之湖”的霞浦再生为目标的“荇菜项目”。

为了实现“百年后建成朱鹮飞舞的霞浦”这个远大梦想，14年来共有17万人成了活动的推动者。把他们联系起来的是一个名为“荇菜基金”的NPO（非营利组织）法人。

一般来说，提到以市民为主体的自然保护活动，就会联想到以追求公益的NPO为“中心”的网络结构。但是，如果是这样的话，它的规模不会扩大到这种程度。荇菜项目的最大特点就是“没有中心的网络”。

负责项目的代表理事饭岛博先生这样说道：“这个项目和一种名叫荇菜的花非常相似。荇菜一根根在水面上展叶开花的同时，地下茎也会无限地伸展开来。那里没有中心，也没有起点。与此相同，荇菜项目也有一个顶层中心，从那里开始，各个部分不再是树状的组织，活动会像根茎（地下茎）一样扩散开来。因此，才能让很多人参与其中，也能描绘出延续百年的故事。”

饭岛先生对荇菜项目的介绍听起来很特别。

居民没有参与政务，而是主动承担责任，发展“市民型公共事业”。这不是在“打破”纵向社会边界，而是通过网络将其“融化”。

他们将组织之间的“壁垒”转化为“膜”，创造了前所未有的“一系列美好的相遇”，目的是实现迄今为止互不相干的自然网络和社会网络的一体化。

为此，他们需要在不同的情景下重新解读“现代化的脉络”，其中最重要的不是从局部分析评价的“成人的理性”，而是从整体上感受真实、从故事的角度来理解的“孩子的感性”……

“为了重视孩子们的感受，我在给孩子们讲述霞浦的故事时，也会让自己化身为住在霞浦里的河童。”饭岛先生这样说道。

他的这种独特想法简明扼要地表现了日本最受瞩目的环境再

生运动之一——荇菜项目的存在方式。虽然这与后文将要讲述的饭岛先生特殊的成长经历有很深的关系，但我们还是先从时间轴上来追踪这个项目吧。

要点 1：如果你变成了“移动的线”而不是“点”，就能找到“宝贝”

霞浦的面貌发生变化是在 20 世纪 70 年代以后。为了地区开发，湖岸被水泥堤坝所覆盖，水闸也被关闭，与大海的联系被切断了。水质不断恶化，鱼和鸟逐渐离去，植物也相继消失了。

居住在牛久市的饭岛先生从 20 世纪 80 年代中期开始加入自然保护团体，他和同伴们一直在持续调查污染的原因，并追究了行政部门的责任。但是，事情并没有得到任何改善。随着此类行动的逐渐减少，疑问也随之而来。

“这难道不是因为谁都没有纵览全局吗?”

污染的根源在于复杂的社会系统。但是，行政部门间的纵向壁垒很深，整体上也没有任何连通整个流域的行动；虽然研究机构会根据领域的不同列出不同的调查主题，但是没有开展过跨领域的调查；市民运动也只是针对个别现象指责行政部门的不作为。它们都汇聚于一个点而不是面，只改善各自的部分。

如果想让霞浦复苏，就必须描绘出环境再生的全貌，建立一个向各个方面扩散并持续行动的网络。在此，我们需要突破现有社会和组织的界限，以自然生态系统为单位，开创属于自己的事业。在担任自然保护团体的事务局局长之后，饭岛先生改变了组织的方针。

其独特之处在于接下来的行动。他带着几个熟悉当地的中小学生，在湖边进行徒步调查，行动由此开始。这是发生在 1993 年的事。

霞浦的湖岸总长约 250 公里，超过琵琶湖，是日本最长的湖，步行一周一共需 8 天。饭岛和孩子们围着这个湖在春夏秋冬共绕了 4 圈。饭岛这样解释他和中小学生一起散步的理由：

“人们一般都会开车或乘船进行调查，但这样只能进行‘点’的调查。在湖岸边行走，就能进入流淌在湖水中的时间，去感受、去寻找。此时，孩子们会对一些意想不到的东西表现出兴趣。这不是从局部进行分析评价的‘成人的理性’，而是通过真实地感受整体，运用‘孩子的感性’来重新理解。与成年人对点进行分析不同，孩子们把整体都看作一个故事。他们是珍贵的同行者。”

这种被孩子们称为“霞浦寻宝”的调查真的会让人遇到“宝贝”，而这个宝贝就是荇菜。

有一天，他们在湖边行走的时候，发现距离岸边几十米远的水面上出现了一大片荇菜。当时，其他湖岸的水泥堤坝都被汹涌的波涛冲击着，只有那里的波浪被荇菜群落所吸收，几乎消失了。水鸟畅游其中，岸边的芦苇和茭白也长得郁郁葱葱。这是湖岸过去的风景。

“这样做就行了。”

在那一瞬间，他产生了一种无法用语言来表达的感觉，可以说是灵光一现。

“如果我们开车进行‘点’的调查，那么拍下荇菜的照片后就会结束。但事实上我们在湖边散步，通过自己的行动与荇菜相遇，发现了生态复苏的萌芽，直观地看到了前进的道路。在这个过程中，重要的是，我们自身也要像纵横生长的地下茎一样，成为一条‘移动的线’，持续不断地行动。这样一来，就会产生一系列的相遇。”

就像饭岛所说的那样，从这个时候开始，各种各样“移动的线”应运而生。

要点 2：通过“重新连接”重新构筑网络

荇菜与霞浦的水质净化也有联系。荇菜吸收了随废水一起从陆地流入的磷和氮等引起富营养化的物质，随后，这些物质又因鸟和虫吃掉荇菜叶而返回陆地。这种自然网络起到了净化水质的作用。

大片荇菜群落在霞浦得到了再生。饭岛先生在 1995 年设立荇菜基金后，开始实施寄养制度，在当地分发荇菜种子，让居民在家里培育，直到它们能植入湖中，以这种方式启动了计划。

虽然激浪冲击着水泥堤坝，但在种植荇菜的地方，波浪却消失了，沙子也堆积了起来。如果此处形成沙滩，就能恢复因护岸工程而消失的芦苇丛，鸟和虫也都会回来。

在此之前，管辖霞浦的建设省（当时的称呼，现为国土交通省）已经设置了堆石防波堤，但是几乎没有什么效果。与其花费巨资扔石头，不如依靠市民的双手去种植水草。当然，一些现有的市民团体也表达了不同的声音：“我们明明缴纳了税金，为什么还要提供劳动？”

对此，饭岛呼吁道：“仅依靠居民参与政务是无法实现霞浦再生的，应该由居民自己主动承担责任，发展‘市民型公共事业’。”于是，之前一直疏远市民运动的人也纷纷举起了手。

“地下茎”从这里开始延伸。第一个成为“移动的线”的是小学生。“那么大一个湖，如果不是大家一起行动的话是做不到的，所以请让我们学校来做吧。”小学生们自己跑去找校长谈判，应征成为“寄养父母”。以此为契机，以学校为单位的行动一下子扩展开来，每个学校都相继建立了培育荇菜的生物基地。然后，当荇菜的叶子长到能浮在水面的时候，孩子们就会把它们一株一株地种植到霞浦的水边。

在这里，饭岛注意到了一件事。虽然小学的学区属于行政单位，但它原本就在孩子们能步行上学的范围内，也与蜻蜓等飞虫的移动范围相一致，和自然生态系统的单位相重叠。于是，他脑海中浮现出了一个构想。

那就是，把属于行政单位的学区放到另一种情景中来解读，将它转化为“孩子的感性”能够生存的生活空间。在此基础上，如果将环境保护融入其中，用同一个网络覆盖整个流域，就可以通过“成人的理性”将被纵向分割和切断的流域恢复为原来的整体空间。关于这个构想的意义，饭岛是这样说的：

“我们的目标是通过霞浦的再生，将迄今为止互不相干的自然网络和社会网络联结在一起。如果人与人、人与自然、自然与自然能再一次结合，那么追求百年后朱鹮飞舞的霞浦就并非不可能。百年计划就是从这个意识中产生的。”

从这里开始，饭岛自己也成了一条“移动的线”，开始重新连接人与自然。

要点3：人与人、人与自然、自然与自然重新结合，创造新事业

荇菜项目面临着一个难题。那就是，种在水边的荇菜在一些地方无法扎根。原本金鱼藻等沉水植物生长在比荇菜离岸更远的水域，起到最初的消波作用。但这些沉水植物因为污染而无法进行光合作用，继而逐渐消亡。相应地，荇菜就会受到波浪的直接冲击，以至于无法顺利扎根。

在这里，饭岛想到了在古老史料中发现的一种叫作“木制防波堤”的江户时代施工方法，即在水里钉入圆木做框架，再塞入一堆杂木树枝做成堤坝，据说它在消波的同时还具有渔礁的作

用。为了制成这种防波堤，需要拥有水域权的渔业合作组织共同协助。于是，饭岛先生将整体构想绘制成一幅画，拜访了当地的渔协。

“一切都由我们自己来做，请你一定要让我们来做！”渔业协会原本是封闭的，向来与市民运动没有什么关系，然而这一次他们的会长却一边看着画，一边痛快地答应了，他震惊地说道：“以前的团体都是一个劲儿地要求我们做这个做那个，我还是第一次听他们说要自己流汗，自己准备材料呢。”

如果使用流域内山林的间伐材作为原材料，就可以修整山林，以此建立水源保护和湖泊再生的自然网络连接。为了在此基础上进一步构筑社会网络，饭岛将管理湖泊的建设省和管理山林的林业合作社联系起来。1996 年，作为建设省的一项事业，行政部门、渔协、林业合作社和居民联合起来，开始了木制防波堤的安装。这就是人与人、人与自然、自然与自然的重新结合。间伐材的有效利用，一年中创造了每天 5 000 人的就业机会，也促进了林业的发展。

当地超市出售的“湖水喜欢的蔬菜”也是以同样的方式诞生的。通过渔协、加工企业、农民、流通企业的合作，消除了湖水中外来鱼体内所含的磷和氮，并将它们变成鱼粉，作为农田的有机肥料，这样一来，使用它们培育出的蔬菜就可以陈列在店铺中，出现在餐桌之上了。

● 通过连接湖泊、森林和人的木制防波堤进行湖岸再生

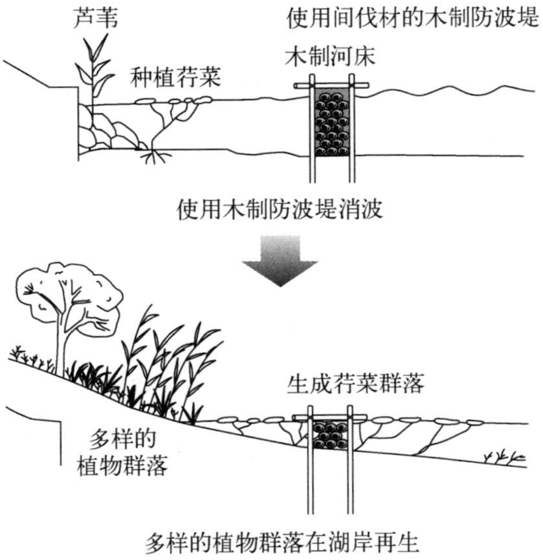

——摘自荇菜项目的主页

要点 4：从“现代化的脉络”到“作为故事的脉络”转变

接下来，“移动的线”指向了日本的代表性企业。能否在围绕霞浦的学区网络中，运用日本企业拥有的最尖端技术，将企业活动与环境再生结合起来，创造出新的商业模式呢？如果可能的话，还可以考虑在日本各地甚至全世界范围内推广。饭岛先生被介绍到日本电气总部，在那里他打开了一张标有学校生物基地位置的地图，并提出了建议。

NPO不是为了资金援助，而是想要寻求能带来收益的主业合作。这对于日本电气方面来说也是第一次。一个月后，他们展示了虽然已经开发，但用途尚未被开拓的网络传感器技术。通过学区网络测量气象数据，以无线方式自动收集并建立数据库，再结合孩子们的眼睛观察，创造了环境再生监测和环境教育的新模式。在这里，企业的技术与霞浦的再生结合在了一起。

在此期间，企业对社会做出的另一项贡献就是谷津田再生事业。储存在山林的水涌出谷津田，培育了稻子等生物，然后流入湖中。对于周围没有高山的霞浦来说，流域内超过1 000处农田的谷津田曾经是宝贵的水源地，但当时很多都变成了荒地。如果农田再生，霞浦的水也会得到净化。

继日本电气之后，三井物产、日本保险等公司也报名加入了这个行列。相当于前辈的日本电气员工成为“移动的线”，主动担任田间栽培的指导，产生了一系列连锁关系。项目的目标是让当地的酿酒厂用谷田津出产的大米酿酒，并将它们做成地方品牌。如果走上正轨，这里的环境再生也能与商业模式结合起来。

当每一个主体都变成一条“移动的线”时，之前没有联系的事物就会联系起来，产生新的事物。饭岛说，这个“协作的场景”就是荇菜项目的本质。

“将它们联结起来的是故事的力量。迄今为止我们所遵循的是以‘成人的理性’把整体划分为部分的‘现代化的脉络’，我们需要将其重新联结，用‘作为故事的脉络’进行重新解读。对于我来说，这一形象的浮现来源于和孩子们在一起的时间。实际上，出差到小学授课占据了我的大部分生活，就像发现荇菜时一样，每次感受到‘孩子的感性’时，我的眼前就会浮现出新的脉络。”

要点 5："以勺移山"

为什么饭岛先生会如此重视“孩子们的感性”呢？这和他自己的成长经历有很深的关系。饭岛先生于 1956 年出生在长野县盐尻市，他的父亲曾是日本旧国铁职工，上幼儿园时因为父亲的工作关系搬到了千叶县市川市。那时山林还在，他每天都拿着捕鳉鱼的网去上学。但是，从三四年级开始，农田被填埋，河流被污染，生物也消失了。他以孩子的方式感受到了社会正在发生的巨大变化。

小学六年级时，他们搬到了东京涩谷区的初台。从那个时候开始，他对学校的教育产生了强烈的不适感。为什么要分科目授课呢？在学校里，在他自己心中相互联系的科目被分为理科和社会学科分别教授。虽然是同一个老师教一个学科，但还是分成不同的单元，看不到教学之间的联系。他常常在周末一个人去奥多摩观察鸟类。

当时，他因为莫名的反抗心理而无法认真完成智力测试，所以被要求接受心理咨询，来确定是否需要进入特殊班级。中学时代，他成了一名上课时沉迷于自己喜爱之书的问题儿童，他的母亲每周都会被叫去学校。

他产生了一种隐隐约约的失落感，总觉得自己正在失去什么。曾经拥有的“那种感觉”开始变得模糊，即使每天晚上都躺在被窝里努力回想，也无法用语言表达出来。在这种时候，拯救他的是“以勺移山并使其移动的形象”。

饭岛先生说：“在大人看来，移山需要的是挖土机；用勺子一勺勺挖山的想法只有孩子才能想出来。但是，当我的脑海中浮现出这个画面时，我觉得自己正在失去的感觉又回来了，轻舒了一口气。我一直无法顺利地将孩子式的整体感性感受转换为成人式的抽象概念组合。这种郁闷的感受也一直在我心中挥之不去。”

因为饭岛先生对在细分的专业框架内进行学习没有兴趣，所以从一开始就没有考虑过要上大学。由于父母已迁居牛久市，他高中毕业后就开始一个人住在公寓里，白天在蔬果市场打工，晚上在图书馆埋头读书。陀思妥耶夫斯基、尼采……为了寻求能解开心中郁结之气的语言，他开始专心阅读文学、哲学和艺术书籍。

事情的转机出现在牛久市。在周末去父母家的时候，他发现了周围有山林、烧炭者、扫落叶者……这里和小时候一样，保留着自然和生活相连的空间。

“从这个地方，可以重新来过！”

饭岛先生每次回到牛久市，都会召集当地的孩子们召开自然观察会，把成果油印出来张贴在车站。这引起了筑波农业环境技术研究所的研究人员的注意，27 岁的时候，他被聘请为研究所的外聘职员。随后，他移居牛久市，致力于观察生态系统。

之后的某一天，他遇到了那把“勺子”。这就是荇菜。他本人这样说道：

“在那么大的湖里种水草，一开始是被人嘲笑的。但是，在我的脑海中浮现了‘以勺移山’的鲜活形象，因此，我才会想到通过种植荇菜让湖水再生。”

在饭岛先生心中持续存在着“孩子的感性”，而“荇菜项目”本身就是从他对这种感性的重新解读开始的。

如今，在霞浦流域，许多地方的自然环境正在复苏，生物也在回归。以荇菜项目为蓝本的自然再生措施正在全国各地推广。突破既有概念并取得成果的荇菜项目说明了什么呢？

“摆脱透视法很重要。”饭岛先生说道。

与其站在中心看世界，定位每一个点，不如让这些点都变成“移动的线”。如果做到这一点，中心和远近都会消失，各种各样的边界会被融化，多种多样的相遇会联系在一起。在时代的转折点上，饭岛先生独特的想法可以成为重新审视现有公共事业、市民运动、企业活动等存在方式的一把“勺子”。

◆解释篇

本质 1：用“叙事性策略”解决“分析性策略”无法解决的问题

这个案例虽然讲述的是污染严重的霞浦再生的过程，但也适用于失去活力的企业组织变革。如果将霞浦转换为“霞关”[1]，也可以理解为被既得利益所束缚的官僚组织的变革。荇菜项目本身就可以说是一个隐喻。

从这个案例中，我们应该学习的是与“分析性策略”相对的“叙事性策略”的存在方式，以及推进该策略时所必需的“在行动中深入思考”（contemplation in action）的知识方法。首先，让我们来思考一下“分析性策略”和“叙事性策略”的区别。

“分析性策略”是将市场、竞争对手甚至自身对象化、抽象化，套用现有的模式，在分析的基础上，科学地、合乎逻辑地制定本公司应该采取的策略。所谓的美国式经营就是一个典型的例子。

如果荇菜项目采取了“分析性策略”，人们就会对其面临的问题和自身力量进行分析，当他们发现这简直就是“以勺移山”的行为时，会立即停止这个项目。但在现实中，人们却做出了完全相反的选择，使用勺子撼动大山并取得了成果。那么，是什么让它成为可能呢？

在荇菜项目中，每次都会产生一个新的故事。所谓故事，就是将多个事件通过情节联系起来的过程。不是分析对象，而是在现场亲自做出承诺（主动参与），一边与人们分享“此时此地”（here and now）的经验，一边询问他们自己应该怎么做。在这种相

[1] 霞关为东京地名，是政府机关集中地区，此处代指政府机构。——译者注

互作用中，答案逐渐浮出水面，并且编织出了一个个故事。这是为了取得成果而制定的一种策略，也就是“叙事性策略”。

异类事物相遇并创造出与其总和性质不同的新附加值，这个过程被称为“涌现”（emergence）。在编织一个又一个故事的过程中，曾经毫无关系的异类事物相遇了，它们跨越界限、共同协作并建立起新的关系。从这个意义上来说，“叙事性策略”也可以称为“涌现性策略”。

不同的策略形成了鲜明的对比。“分析性策略”的科学方法是以数据为基础进行逻辑分析，寻求唯一的解决方案。与此相对，在故事的生成过程中，为了完整地理解复杂的现实并追问其意义，允许存在多元多样的解决方案。唯一的解决方案是固定的，事物以此作为结束。而另一方面，多元多样的解决方案在追求共同善的同时，还会经常发生变化，永远不会结束。

因此，可以将“建成百年后朱鹮飞舞的霞浦”这一远大目标想象成一个环环相扣的故事，而不仅仅是一个“气氛口号”。

那么，荇菜项目为什么要采用“叙事性策略”呢？霞浦环境破坏的原因在于社会体制本身，非常复杂。而且，情况每天都在变化。再生的理想状态是生物多样性达到极致，而这一点用科学的方法是很难应对的。就像人们为应对冲击水泥堤坝的激浪而设置了堆石防波堤，实际上却毫无效果一样，现有的对策被分成了几个部分，尽管每个部分都采取了解决措施，但整体上却看不到任何改善，其原因就在于此。

问题越复杂，就越需要实事求是地把握整体，每次都需要创造一个故事，找到解决问题的线索。

当然，现在也并非没有分析性策略有效的案例。但是，在现有商业模式接连崩溃的情况下，还有多少地方是可以使用唯一固定的解决方案呢？

面对环境问题这个最复杂的课题，旨在通过“叙事性策略”实现“百年计划”的荇菜项目，展示了我们当前所需要的策略模式。

本质 2：“故事”需要的不是“客观事实”而是“实际行动”

饭岛先生为什么能够描绘故事呢？“百年后建成朱鹮飞舞的霞浦”这个故事，既不是通过演绎法推导出来的，也不是通过简单的归纳法积累而成的，这是某些时候他脑海里浮现出来的假设。例如，走在湖岸边，在与荇菜相遇的瞬间忽然想到湖泊可以再生的时候，或者看到孩子们把小学的生物基地里培育的荇菜种植到水边的情景，意识到人与自然重新联结的时候。

饭岛先生能够看到荇菜群落背后，以及种植荇菜的孩子们身后存在的附加价值之间的联系。正是这些细节上的直观感受，才是创作故事的源泉。

那么，在现场面对同样的现实，能够发挥细节直觉力的人和不能发挥该能力的人有什么区别呢？

前文提到的精神医学家、京都大学名誉教授木村敏认为，现实有“客观事实”（reality）和“实际行动”（actuality）两层含义。将主体和客体分离，把客体当作对象，从旁观者的角度所观察到的是“客观事实”。而另一方面，运用五种感官进入情景当中，进一步做主动参与，在主客未分的状态下所感受到的是“实际行动”。可以说，通过观察认识的现实就是客观事实，而通过行为认识的现实就是实际行动。

客观事实是将对象视为客观事物的“物质现实”，而实际行动则是能够从物质的另一面来观察事物的“事件现实”，它是指在“此时此地”（here and now）的点上，在正在发生的关系（事件）中亲身体验的现实。（摘自《对心理病理的思考》，岩波书店）

把大片荇菜群落和种植荇菜的孩子们的身影当作对象，作为客观事实来把握，这一点谁都可以做到。而另一方面，在主客未分的状态下，如果没有从大片荇菜群落和种植荇菜的孩子们身上领会到他们向自己传达的意义，就无法采取实际行动。

在本书中登场的变革领导者们，他们所追求的都不是客观事实，而是实际行动。旭山动物园的小菅先生在观察动物们的时候，发现它们无法做到自我实现，于是找到了行动展示这一独特性的方法。堀川高中的荒濑先生抓住了学生们内心的好奇心，创建了“探究科”这一全新的学科。ecute 项目中的镰田女士在车站里站了 3 天，不是从外部，而是站在顾客的立场，用内部视角持续观察，使“聚集的车站”这一形象浮现出来。丰田的中岛先生在意大利的地方机场看到了一个只允许停放全长不超过 3 米的汽车的停车场，他直觉地认为这与组装革新有关。

变革的领导者有一个共通之处，那就是拥有“在行动中深入思考”（contemplation in action）的知识方法。也就是说，在现场一边行动，一边通过凝视和深思进入现实世界，然后以浮现的直觉为基础生成假说。这就是故事创作的动力。

本质 3：创新萌芽于“行动中的深入思考”

“在行动中深入思考”是推动创新不可或缺的能力。

创新最初是有理论和模型的，将普遍命题分解成各个部分的演绎式方法论无法产生创新。创新是以归纳性方法为基础，在通过溯因法生成假说的过程中萌芽的。而这种归纳性方法指的是直观地把握现场个别、具体的现实本质，与普遍的宏观概念相联系的方法。

但是，个别具体的现实并不是一成不变的，它们会经常发生变化。因此，最重要的是自己也要在行动的同时，认清当时的形势、解读关系，做出最好的判断，然后再创建新的关系。

需要注意的是“行动中（in action）”和“行动后（on action）”的区别。“on”是指在结束后对自己所采取的行动和行为进行深入思考。在这种情况下，即使同样是表达“思考”的意思，比起“contemplation（深思、熟虑、凝视、审视）”，“reflection（反省、反思）”的含义也更为明显。这个过程就如同看镜子里的自己，通过客观地看待自己或自己的行为来进行回顾和反思。其结果就是行为能得到改善。但，即使行为能够改善，事物也无法进一步向前迈进。与此相对，“in”则是指在行动的同时，在各种各样的相互作用中进行思考，因此会不断涌现出前所未有的关系。

在荇菜项目中，饭岛先生也是经常一边行动，一边深入思考，从与荇菜相遇开始，他就创建了和小学师生、居民、农民，渔协、林业合作社、食品加工业、物流、行政部门、酿酒业、其他企业的员工和家属等不同行业和领域的人进行多重互动的场所。从那以后，为了霞浦的再生，环境保护方面的创新就不断涌现。

在这里，我们先转换一下话题。美国职业棒球大联盟的铃木一朗选手也一直持续不断地坚持着“在行动中深入思考”的做法。关于自己有时会陷入瓶颈的原因，铃木一朗在某次采访中是这样回答的：

“打球的时候不能看球，而是要用身体去感受。但是，当你状态不佳时，无效的球也会让身体移动。因为不想打无效的球，所以下次就会忍不住去看球。然而你越想看球，身体就越迟钝，也就更加打不中球。”

这就是“在行动后反思”。将瓶颈产生的原因（隐性知识）语言化（显性知识）、概念化，这一点本身就不是一般选手能做到的。但是，一般情况下，我们会在这里采取一些加快身体移动速度的对策进行改善。然而，仅仅依靠这种对症疗法是很难摆脱瓶颈的。

● 实践知识的领导者

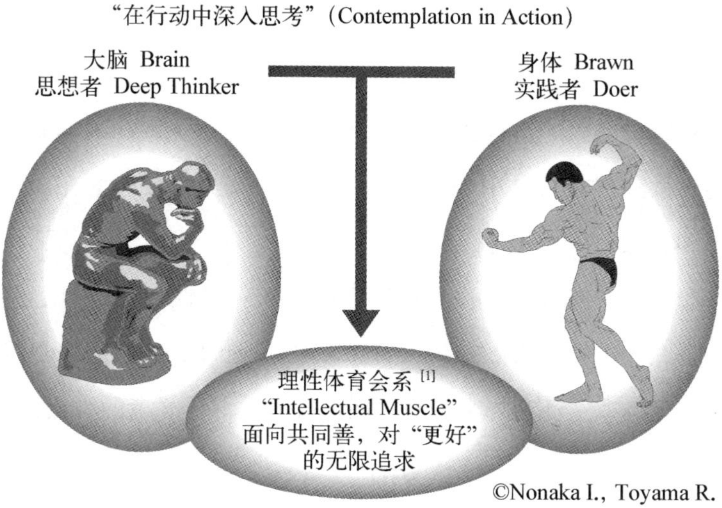

或许我们也能在某种程度上做到“在行动后反思”（reflection on action），只是，正如字面意思所示，有时候我们会把反省放在实践的“上面”。在这种情况下，比起隐性知识，人们往往会更加关注作为反省结果的显性知识。

与这种做法不同，铃木一朗首先会对自己理想中的姿势和身体动作进行想象——这是一种已经深入骨髓的隐性知识。另一方面，他会让“另一个自己”监督自己的实际行动，看清理想与现

[1] 体育会系：在上学的时候参加体育社团活动的一类人，具备对长辈服从以及崇尚毅力的气质。——译者注

实的差距，并做出反馈。就这样，他在行动中深入思考，在一次次为了接近理想而建立假设的同时，不断超越现有的自己。

在重视现场实践的基础上积累直接经验和隐性知识的能力，以及在将经验转换为概念的过程中提出假说的能力，我们把具备这两种综合能力的人称为“理性体育会系”（intellectual muscle）。而能够做到“在行动中深入思考”的人，就可以被称为充满极大活力和智慧的理性体育会系。

想要实现创新，必须具备将隐性知识和显性知识综合起来的实践智慧，也就是实践知识（practical wisdom）。我们应该尽早掌握站在现场，主动参与实践的“在进行中”深入思考的智慧方法。

本质 4：变革的领导者创造出新的“商业模式”

但是，对于催生创新的故事，如果仅仅用语言描述，往往很容易陷入“空谈”，重要的是把故事变成现实的能力。那么，饭岛先生是如何将故事变为现实的呢？

荇菜项目的一大特点是产生了跨界合作。面向变革的行动总是从少数人开始的。荇菜项目也是从饭岛先生和中小学生一起在霞浦湖边进行徒步调查开始的。

想要从这一步迈向重大变革，就必须通过网络将各种组织和个人连接起来。这是一项非常艰苦的工作，但在荇菜项目中，小学师生、居民、农民，渔协、林业合作社、食品加工业、物流、行政部门、酿酒业、其他企业的员工和家属等来自不同行业和领域的人开展了跨越界线的合作。其结果是，它发展成了一个动员人数达 17 万人的大项目。

这为什么会成为可能呢？为了使某项事业可持续发展，需要建立一种商业模式。而且，为了使商业模式成立，必须有一种机制将相关人员的知识转换为收益流。而在荇菜项目中，值得关注的是很多措施都与商业模式紧密相连。

渔协、林业合作社、居民和行政部门协同安装木制防波堤，有效利用间伐材，把在霞浦种植荇菜和振兴林业联系起来；渔协、食品加工业者、农民、物流企业联合驱逐外来鱼类并将它们与有机蔬菜销售联系起来；企业及其员工和家属、农民、酿酒厂通过对谷津田水资源的保护，合作酿造了本地酒；学校、学生、IT 企业联手将学区的网络应用在气象观测传感器系统中……他们互相联结，将相关人员的知识转换成了收益流。

为了建成朱鹮飞舞的霞浦，将故事变为现实，必须在现有的纵向社会中通过横向联结建立网络。不是“打破”各个组织之间的“壁垒”，而是通过网络将其“融化”，然后转变为可以渗透的“膜”。为此，需要一种政治能力来推动人们的行为。

最值得关注的一点是，当时既没有任何正式权限，也没有任何资源的饭岛先生把网络当作了商业模式的基础。从这个意义上说，荇菜项目无疑是一种社会创业领域的商业模式创新。

变革领导者需要的是一种构筑跨界合作网络的政治能力，借助这种力量，他们将知识转化为收益流的商业模式描绘出来，并吸引人们参与其中。在追求变革的过程中，如果不能像预期的那样扩大影响力，那么就说明他们缺乏创造商业模式的能力。

本质 5：变革领导者具备出色的修辞能力

没有任何正式权限，也没有任何资源的饭岛先生之所以能够构建起跨界协作的网络，还有一点值得一提，那就是他在修辞方面出色的能力。为了与对方共享信息，他将通过深刻洞察获得的本质和直觉（隐性知识）用生动的语言（显性知识）重新组织，这种高超的语言表达能力令人折服。尤其令人刮目相看的是，他在各种场合所运用的隐喻之丰富。

让人和组织成为“移动的线”，连续创造出相遇的场所。

不是“打破”既有的纵向边界，而是通过网络将其“融化”。

不是从局部进行分析评价的“成人的理性”，而是通过在整体上感受真实的“孩子的感性”来重新把握……

这种修辞能力与起承转合的叙事能力是一体的。他使用巧妙的语言表达将愿景传达给对方，在与对方产生共鸣的同时，将小故事从时间轴和空间轴两方面串联起来，编织成一个大故事。反过来，正因为他能够描绘出“百年后建成朱鹮飞舞的霞浦”这样宏大的故事，所以才可以说他善于根据不同的情景运用修辞。

关于擅长修辞的经营者，我想到的就是松下的创始人松下幸之助。松下先生提出要能够提供像自来水一样价格低廉的电器，并将这种制造电器的生产使命感称为“自来水哲学”。他强调经营中处处要有“堤坝”，即外部状况稍有变化，也要保留适当应对的余地，倡导“堤坝经营”的重要性。他认为，就像“下雨要打伞”一样，经营的秘诀就在于适时、适当地执行理所当然的事情。

他的隐喻能力之所以出众，是因为他有着丰富的联想能力，能够从一件事物中不断向外拓展关系。这与其说是遵循逻辑，不如说是基于故事性的想象力。

这是一种在现场边行动边深入思考，并凭借脑海中浮现的直觉建立假说的能力；是以假说为基础，描绘出将知识转化为收益的商业模式，并跨越组织边界、吸引人们加入的政治能力；亦是在这个过程中，让自己变成一条“移动的线”，重新建立关系的能力；还有，让对方产生共鸣的修辞能力。

我们应该认识到，荇菜项目虽然是社会创业的案例，但企业组织中变革的领导者也同样需要具备这些能力。

案例六　障碍者福利的奇迹——社会福利法人 MUSOU

将智力障碍者的能力用于“地区再生”，构建颠覆所有概念的福利商业体系。

◆故事篇

故事的发生地转移到了知多半岛的中心地带、爱知县半田市郊外绿色住宅区的一栋建筑里。这里的一家亚洲杂货店的招牌女服务员——美咲是一名重度身心障碍者。她的四肢不便，几乎一直躺在轮椅上；还有严重的智力障碍，不能表达自己的想法。但是，她能够握住条形码读取器。

顾客在拿到自己喜欢的商品后，就会走向收银台，将商品标签上的条形码贴在美咲手中的读取器上。我们告诉过她："如果机器发出'滴'的一声，就表示你可以去东京迪士尼乐园的日子越来越近了！"所以她会微微一笑。

看到那个笑容，顾客会莫名地被感动，有些年龄大的顾客甚至还会流泪。因为这家商店中美咲小姐的笑容是独一无二的服务。

"如果说普通商店的服务带给我们的感动是'安打[1]水平'的话，那么重度障碍者所带给我们的就是'满垒本垒打'[2]般的喜悦。有好几个顾客在心情沮丧的时候来到店里，他们看到这些孩子也在努力，便因此受到鼓舞，在重振精神之后离开。在招揽顾客方面，美咲表现得十分出色。"

说这些话的是经营这家店的社会福利法人 MUSOU 的理事长户枝阳基。

不是要求障碍者通过努力参与社会，而是应该由社会方面通

---

[1] 安打：棒球术语，指打击手把投手投出来的球，击出到界内，使打者本身能至少安全上到一垒的情形。——译者注

[2] 满垒本垒打：棒球术语，满垒时击出的本垒打，也叫"满贯本垒打""黄金本垒打"。——译者注

过包容障碍者来保障他们的社会参与。为了实现残障者正常化的理念，建立重度障碍者也能在当地边工作边生活的机制，他开设了这家店。

因为这种做法与现有的障碍者福利——重度身心障碍者应该在医疗完善的设施中受到照顾——划清了界线，所以也受到了一些批评。但是，即使成为众矢之的，他也丝毫没有动摇。这就是福利行业年轻领导者所展现的形象。

要点 1：障碍者和健全者可以建立“对等关系”

这栋为障碍者准备的职业介绍所，让人联想到木制小屋。它的名字也很时尚，叫“艺术广场”。从民族风格的走廊进入，木结构的顶棚下是醒目的入口，左手边是亚洲杂货店。在格调高雅的氛围中，由障碍者负责商品的挑选和陈列。

右手边是中式茶座“云风”。味道一流的拉面吸引了许多客人，午餐时间店铺内 40 个座位一座难求。虽然汤底是由工作人员准备的，但点菜、面条焯水、加汤、加配料等步骤都是通过障碍者的流水作业完成的。

因为福利设施有国家标准，所以在 2004 年竣工时的入户检查中，他们申请把杂货店使用的空间隔断，作为“医务室”和“商谈室”，并将中式茶室“云风”作为了“工作室”。检察官也知道这些，据说他“哈哈地笑着回去了”。

打破一切常规的户枝先生说道：“在建造之前，最初完成的设计图和现有的福利设施一样，介护人员的房间在一进门朝南阳光最好的地方。谁是主人公？这表明了现今福利行业普遍存在的‘思想’。那么，哪些店铺会把员工休息室设在位置最好的地方呢？我们对此进行了争论。而随着争论的开始，员工的工作室也被转移到了阁楼。我们所坚持的是，尽可能打造一家时尚美丽的店铺，吸引更多的普通顾客光顾。同时，我们为障碍者提供一个可以亲身体验和学习的真实环境，使之成为面向当地残障人士的‘潜力展示场所’。这就是我们的基本理念。”

总之，户枝是个独特的人。中式茶座“云风”也是如此。智力障碍者不擅长根据现实情况加快工作速度。因此，从点单到拉面端上来，有时会比一般的店铺花费更多的时间。但是，他们可以做到早上提前上班。

因此，他们能够在开店前，将当地农民带来的蔬菜精心切好，提前准备好大约20种沙拉拼盘的原料，让顾客在等待拉面的过程中，可以通过吧台的自助挑选，享用绿色、丰盛的沙拉。

我们不能要求障碍者去适应普通店铺的速度，而是要建立一种机制，让有适应能力的一方去适应没有适应能力的一方，并且双方都能获得同样的满足感。这就是户枝的想法。此想法的根源在于，他们坚信障碍者和健全者可以建立“对等关系”。

要点2：不用克服不擅长的事情，而选择符合个性的工作方式

艺术广场作为职业介绍所，最多可以容纳30人，但MUSOU

坚持以 5 人为单位开展活动。这是因为，如果人数超过 10 人，大家就会将他们统称为“各位残障人士”，但如果人数不超过 5 人，大家就能记住他们每个人的名字。因此，除了艺术广场以外，他们每 5 人一组，被分散到市内的其他机构。

有些自闭症患者有行动障碍，无法一直坐在椅子上，不能在现有的机构中工作，因此 MUSOU 在距离艺术广场车程 10 分钟左右的地方，开设了一个养鸡场。在这里，只要给鸡喂食物、捡起鸡蛋之后，就可以随意走动，可以不用刻意调整自己。同时，为了那些不喜欢动物或者喜欢安静工作的人，这里也开展了香菇种植。

在“云风”，有一个对水非常执着的自闭症患者，他在坚持洗东西这项特长的过程中，萌发了自主意识，即使没有收到指示，也会根据情况，依据自己的判断去帮助那些忙不过来的人。这是一种明显的进步。

“Natu”是由保育园的建筑改装而成的咖啡店，店内烘焙的手工面包很受欢迎。

“欢迎光临，您需要点些什么?”一走进店内，这里的招牌女服务员之一，同样也是智力障碍者的浅子小姐就用非常响亮的声音前来招待。点了一杯咖啡后，不一会儿，咖啡就伴随着“让您久等了”这个充满活力的声音端了上来。有时也会出现因势头过猛而稍微溢出的现象。那么，他们为什么会如此用力地工作呢?

户枝先生这样说道：“他们或许是一群被排除在劳动之外的

人，经常被人说‘你们什么都不用做’。但是在这里，客人每次都会在说完‘多谢款待’之后再离开。所以，他们对于工作的积极程度和我们有着决定性的不同。一直以来，在生活中他们没有作为一个人、作为一个成年人，获得过被认可的喜悦，因此他们会在这里直接表达出喜悦。看着他们你就会觉得，工作从根本上说就是通过被认可来表现自我的一种手段。”

MUSOU 的做法不是对多数人进行统一支援，而是将少数人分散到各个地区，根据每个人的个性，从本人能做的事情开始考虑并委派工作。

根据行政部门当初的要求，他们需要按照规定在艺术广场这一处聚集 30 个人。户枝先生使用了一种简单的方法，即要求上班和下班的时候，所有人都在艺术广场集合，其他时间则按小组“散步”到其他机构去。在被人发现他们实际上并没有集合后，他又哭着说：“因为身为理事长的我太年轻，能力又不足，所以大家都不肯前来集合。”以这种方式摆脱了危机。户枝先生为了实现自己所追求的理想，有时甚至会发挥出表演才能。

艺术广场的用地正好也是举行市长选举的地方，因此他们就是否将市有土地用作福利设施一事，发出公开征求意见函，获得了候选人的承诺，并要求当选者切实履行承诺。作为回报，只要一有机会，他们就会提供场所来展示“理解福利的市长”形象，必要时也会通过“给予和获取”来与政治家建立互动关系。

面对政府机关也是一样，如果厚生劳动省表示理解而财务省表示为难的话，他们就会去接触与财务省关系紧密的政治家，寻求支援。看准机会进行政治活动，是因为他们坚信自己从事的活动具有社会普遍性。

要点 3：重度身心障碍者也同样拥有“生产力”

证明智力障碍者也有能力和潜力，让残障者从出生到死亡都能在当地正常生活，并使之成为常态。支撑户枝先生这种想法的，是他所坚持的信念——“在人与人的相互联系中，包括残障者在内的所有人都有存在的意义，都承担着责任”。其根源在于对什么是“人的生产力”所进行的深刻自省。

例如，亚洲杂货店的招牌女服务员美咲无法表达自己的想法。周围的人也往往觉得看不出她的能力。但是，她在招揽顾客方面却表现得非常出色。对于其中的含义，户枝先生是这样解释的：“看不出她的能力仅仅是指按照现在的科学方法无法解读，不要理解为是没有（能力）。对于人类来说，不应该有无意义的行为，即使美咲因病无法行走、不能说话，也可以每周工作 5 天。我们的想法是，即使只有 5 分钟时间，只要她能努力工作，也就足够了。

人的生产力是什么？所谓生产，并不是指创造某种事物本身，而是指在接收者的脑海中闪现变化、相互影响的事件。艺术家、音乐家、作家也都能从中获得灵感。人只要活着，一直到死亡的那一刻为止，都会在人与人的联系中进行生产活动。我们称之为‘内在生产力’。”

任何人都有“内在生产力”，没有一个人是没有价值的。户枝先生之所以能调整眼光看到这一点，是因为他自己曾经被歧视，这对他产生了非常大的影响。他的成长经历充满了戏剧性。

要点 4：与重度身心障碍者之间也要保持“付出和索取”的关系

户枝的母亲是视觉障碍者。20 岁的时候，她因患舌癌失去了一半的舌头，之后多次复发，又因患喉癌切除了声带，患乳腺癌切除了乳房，患胃癌切除了三分之二的胃。在此期间，她生了 7 个孩子，排行老三的户枝先生是剖宫产。尽管如此，信奉基督教的母亲依然抱着“只要能多生一个孩子我死也甘愿”的想法，每次都冒着大出血的危险拼死生下孩子。

带着体弱多病的残障妻子和 7 个孩子，曾是木匠的父亲不堪重负，在户枝先生中学的时候患上了肺结核，不得不住院。一家人靠着社会保障金生活了 5 年。

在街上，有人在背后指指点点，说户枝是“残障者的孩子”；在学校，只有他一个人没有把伙食费放入收款袋，他听到周围的人窃窃私语的声音。因为免费发放的文具铅笔上面有鲜红的草莓图案，所以他一边哭泣一边削掉了铅笔的外皮。

为什么福利单位不能细心地考虑接受者的感受，把伙食费和文具费交给本人呢？明明自己想拼命活下去，为什么却活得这么艰难呢？为了亲自了解社会福利工作，他利用奖学金，去了半田市的日本福利大学就读。

毕业后，他在市属福利机构从事了7年的智力残障者辅助工作。他认真地想着“要成为日本最好的护理工作者”，休息日也去参加学习会，提高自身的技术。然而，他逐渐对现有的福利设施产生了疑问。

福利机构以普通就业为目的对残障者进行操作训练，但在进入企业现场后，场景一旦发生变化，残障者就会认为这属于其他工作。因此，机构需要给残障者准备一个可以真正做到边体验边学习的真实环境，而不是模拟体验，否则训练就将永远持续下去。户枝先生觉得这相当于是一种“无期徒刑”。

“在福利设施里进行的训练指导，打个比方来说，其理念就像是——因为考试中包含了国语、数学、理化、社会、英语等科目，所以不擅长数学的人如果不攻克数学，就不能参与社会活动。但是，这是管理者的逻辑。如果站在残障者的立场上，还有一种生存方式是进入‘没有数学的私立文科大学’。一般来说，人们可以通过这种方式参与社会，但残障者却被一味地要求去做他们做不到的事情。我觉得这近乎受刑。”

户枝先生对护理工作充满自信，他能够把5名具有行动障碍的自闭症患者一起带出去。然而有一天他请假的时候，一个后辈代替他，在4名志愿者的帮助下带着患者们去散步。一开始，大家都自顾自地行动，局面非常混乱。但后来，这个后辈灵机一动，让每个志愿者负责追赶一名残障者，要求他们一到午餐时间，就在患者耳边说“今天要吃炸猪排咖喱哦”，最终所有人都顺利地回来了。

那一天，所有自闭症患者都能随心所欲地行动，并且感到十分开心。户枝先生一向认为专业人士就是指护理技术高超的人，这件事让他认识到了自己作为护理工作者的局限性。自己应该做什么？他每天都在自我反省。

工作第4年，户枝先生负责照顾一位卧床不起的重度身心障碍者，是一位十几岁的少女。自己可以为她做些什么呢？那是在他苦苦寻找了大约一年半之后的某个早晨。当他向少女打招呼，说了一声“早上好”之后，之前表情毫无变化的少女露出了满面笑容。

那一瞬间户枝先生不禁泪流满面，他直观地感受到了少女“存在的意义”。虽然这个过程很漫长，但她终于展现出了笑容。如果这一点能激发自己工作的动力，那么即使身为一名残障者，也会拥有生产力。

接着，户枝先生又去拜访了一家专门接收和那个少女一样的重度身心障碍者的机构，看到了令人震惊的景象。虽然残障者大都无法自由行动，但在他们偶尔晃动的身体上装有传感器，随着传感器的移动，编织机也会随之启动。据说，就算3小时仅仅走5个来回，一年下来也能编织出好几条围巾。而且，如果围巾能在跳蚤市场上畅销，他们本人也会开心地露出笑容。

“看到这个场景，我受到了冲击。人们普遍认为残障者的存在没有用处，这难道不是因为现实中没有一种环境把他们的生活特征与某种生产力联系在一起吗？我意识到，这与我少年时代所感受到的生存艰辛有着根本性的联系。”这是户枝先生对当时心境的描述。

不久之后，少女因身体不适住进了医院，年仅 20 岁就去世了。后来，他遇到了前文提到的、具有同样症状的美咲女士。29 岁的时候，户枝先生决定独自成立机构，他与支持他的 5 位残障人士的父母每人各出资 100 万日元，租下一栋房子，成立了 NPO 组织“Huwari”，用于提供现有福利机构中难以提供的服务。而且这个组织名称具有“包容”的含义。随后，他开始着手艺术广场的建设。

“因为美咲女士需要吸痰，现有的机构无法接收。于是，我们为他们这些无处可去的残障者提供了白天也能够活动的场所。既然人际关系是付出和索取的关系，那么就不可能只因为他们是残障者就得到照顾。所以，我们需要展现她的能力，让大家接受她。坦白说，正是因为她，我重新取得了发放补助金的社会福利法人 MUSOU 的认可，并创建了艺术广场。”户枝先生这样说。

要点 5：把残障者的工作场所和地区振兴结合起来

户枝先生完全站在了残障者的立场上，他的想法非常具有前瞻性，他周围的人都说：“要经过 3 到 5 年之后，你才会明白这是正确的。”即便如此，成果还是会逐渐显现，在地区中也会出现一些变化。

经常来中式茶座吃饭的康复专科医院的院长邀请他们在院内开设咖啡店 Natu 的分店，他说："对于因疾病或事故导致功能性障碍的患者来说，残障者努力工作的样子会成为他们心灵的支柱。"那些因四肢麻痹而失去生存意义的患者们，在与残障者交流的过程中会重新获得积极生活的动力。

当前，他们正在与当地政府合作，努力将残障者的自立支援和城镇的振兴结合起来。半田市的空心化现象正在加剧，在 JR 半田站的站前街道上，关着卷帘门的店铺非常引人注目。当户枝先生提议"能不能把这里改造成残障者的工作场所"时，商业街的人们一开始感到很奇怪，但当他们来看了艺术广场之后，也深受感动。于是，项目就此启动。

2008 年春天，一家由曾经的化妆品店改造的卖日本荞麦面和红豆饼的店——"狐坊庵"开业了。作为一家普通的店铺，即使它在盈利方面有困难，政府也会向残障者发放残疾人基本保障金（每月约 6.6 万日元），向工作人员支付护理报酬，所以它以工作场所之名成立。然而，这家店在开业之初就获得了盈利，常客也越来越多。在开设店铺的过程中，他们得到了政府、商工会议所等多方的支持，尤其是当地的商业街提供了特别有力的支持。

"我们的定位是，对商业街上增设的任何一家店铺都表示热烈欢迎，如果这家店铺碰巧属于残障者福利团体，我们也不会表示任何不适或者反对。因此对应的，对于经营方面应该做的事情，他们有时候也会说我们太过严格。在日常生活中，这些残障者也会经常跟我打招呼，每个人都在努力地工作。”商业街振兴合作社的新美武夫理事长说。

半田是已经有200年历史的食醋生产商“味滋康”的总部所在地，有相当多的游客前来参观醋文化博物馆“醋之乡”。在运河边，江户时代以来所建造的由黑墙围成的醋窖鳞次栉比，他们在运河沿岸修筑了散步道，景观建设也在推进中。另外，在距离JR半田站约500米的名古屋铁道知多半田站周边，正在如火如荼地建造公寓，商店的数量也很多，因为环境优越、交通便利，所以退休人群的入住人数正在增加。

游客们在参观“醋之乡”的同时，或是退休人群在购物的同时，也会在半田运河边或醋窖街散步。那里有“狐坊庵”等好几家残障者努力工作的店铺。人们偶然路过此地，在与他们的交谈中受到鼓舞，然后离开。户枝先生所描绘的当地，就是这样来推动城镇振兴的。

“正是因为有了这些一直以来被认为在社会中没有价值的残障者，地区才能得到再生。所有的概念都被颠覆。与其寻找差异、划定边界，不如接受差异、无边界地生活。如果我们理想的社会形态与现在的世界有相当大的不同，那么就要把它一个个变为现实。在我们机构工作的重残患者去世时，镇上的人们都会在葬礼上号啕大哭。我们的目的就是拥有这样的地区形态。”

户枝先生担任了全国地区福利网络事务局局长等职务，在扩大活动空间的同时，他独特的想法和出色的行动力有时也会遭到反对和批评。据说，每当内心动摇的时候，他就会想起敬爱的坂本龙马所说的话："任凭千夫指，我心唯我知。"

将过去没有交集的事物连接起来，扩大变化和变革的范围。如果将残障者的定位转变作为原点，那么户枝先生的观点就表明了摆脱被现有界限所束缚的固定概念的重要性。

◆解释篇

本质 1：人不是"静态存在"（being）而是"动态存在"（becoming）

如果将我们所处的环境视为共同创造知识的"共创场所"，就会产生乍看之下毫无关系的事物相互联系的"知识生态系统"。车站前卷帘门关闭的商业街和残障者福利，将这两者联系在一起的地区振兴也可以说是一个生态系统。户枝先生为什么能看穿一般人难以联系在一起的关系呢?

在本书中，我们对比了将世界视为物质的观点和视为事件的观点，倡导在知识经营的时代，需要一种在关系中把握一切的事件性认识方法。此观点认为，世界并不是以物质形式存在的，具体事物每次连续生成和消灭的过程才是其存在的方式。也正是因为持有这样的观点，户枝先生才能注意到一般人看不见的关系。

户枝先生认为，现有的福利设施具有局限性，是因为他们在很多场合都使用了物质性的认识方式，将残障者从关系中分离出来，从静态、固定的角度进行分析把握。他们把管理方当作主体，被管理方当作客体，对残障者进行对象化分析，训练他们去做原本做不到的事情。但是脱离关系的训练并不适应现实，因此只会永远重复下去。当时，以成为“日本最好的护理工作者”为目标的户枝先生也曾将视线停留在这个观点上。

而 MUSOU 所从事的福利事业，总是关注与残障者的关系。即使是行动不便的重度身心障碍者，只要他们出现在店里，他们的笑容给顾客带来鼓励，就说明他们在接待顾客方面表现出色，在“此时此地”人与人的关系中，拥有“内在生产力”。

因为 MUSOU 经常在情景中把握残障者的能力，将周围的人也作为情景的一部分，着眼于共享经验的关系，所以拥有完全不同的想法。不是将主体和客体分开，而是在主客未分的状态下进入对方的视线，如实地感受。这就进入了事件性认识的世界。

支持这一想法的是将人定位为“动态存在”（becoming）的人性观——人是经常发生变化的动态存在，而不是保持静止的“静态存在”（being）。

比起固定存在的“是”（being），我们更应该关注以未完成的状态面向未来，不断生成发展的“成为”（becoming），并且通过过程来认识人类。

在重视“是”的世界里，例如在表达“他是男人”“他是部长”“这是营业部”“他是外国人”等语义的时候，现有的角色关系和固定的含义被推到了前面。因此，很难在彼此原有语义的基础上建立联系。对残障者也是一样，如果有人认为“某人是残障者”而就此止步，那么他只能运用物质性的认识方法来静态地、分析地认识对方。

另一方面，在关注“成为”的世界里，人们通过与他人的交往，不断自我生成和发展。即使是残障者，只要活着，就会在与他人的关系中创造出各种各样的事件，并且继续向外生成和发展。因此，也可以认为他们是再造商业街及城镇活力的中坚力量。

如果在 MUSOU 工作的残障者有一天去世了，镇上的人们会在葬礼上大哭一场。户枝之所以能想到这样的画面，也是因为他把残障者看作是不断变化的“动态存在”。

本质 2：如果能看到物质背后的事件，每个人都会变成“动态存在”

支持堀川高中学校改革的也是一种将学生视为“动态存在”，而不是“静态存在”的思维方式。“探究科”促使学生去挑战远超高中生水平的研究，它是无法从“这个学生的标准分数是××”这种量化的思维方式中产生的。

高中生也具有“求知”的本质欲望。他们以此为动力，在与研究小组的伙伴、老师、研究生助教的相互关系中，将自己定位为不断成长发展的动态存在。正是因为建立了这种自我成长的支持机制，才会有很多学生能够完成“西佛星系 NGC4151 中心黑洞模型的形成”这种高水平的课题。

车站内部的ecute不仅会对常设店铺的商品进行改造和淘汰，并且每两周就会利用店内的自由空间，亲自提炼出营销策划等创意，持续推出活动。这也是基于顾客每天都在变化的“动态存在”（becoming）的视角，而不是“静态存在”（being）的视角。

镰田女士认为，车站和普通的商业设施不同，是顾客每天都会经过两次的地方，如果它不发生变化，就只是一道单纯的“风景”。为了吸引顾客回头看，它必须不断地进行变化。与顾客的“动态存在”相对，如果ecute一直保持“静态存在”，就会变成静态的“风景”。因此，就像顾客在不断变化一样，ecute也需要不断做出改变。

虽然ecute成功的要素有很多，但开业后他们依然没有停下脚步，每一次都能与顾客建立新的联系，这一点无疑发挥了巨大的作用。

荇菜计划中的饭岛先生，能够将渔协、林业合作社、农业、物流企业、行政部门等不同行业和领域的人联系起来，创造出跨越界限的协作场所，也是因为他能够将属于各个组织的人视为“动态存在”（becoming），而不是“静态存在”（being）。

也有一些NPO从同样的角度出发，投身于“福利改革”，将支援无家可归者与振兴地区经济联系起来。NPO依据社会福利法准备了免费或廉价的住房，为需要护理的、无家可归的老年人提供居住支援。但是，保障性住房的推进并不容易。

于是，他们把目光转向了东京的山谷地区和隅田川对岸墨田区的向岛等“冷门地段”，这些地区被排除在政策性再开发的范围之外，民间资本的流入也已停滞。一方面，这里有很多因破旧而闲置的旅馆、简易宿舍等无法流动的不动产；另一方面，很多无家可归的老年人需要领取生活保障金，每年通过 NPO 用于吃饭和住宿的费用分别达 6 000 万和 7 000 万日元。

如果将其放到“公共资金”的相关场景中进行解读，就会发现地区振兴新的可能性。一直以来，无家可归者都被排除在区域之外，但是如果反过来接纳他们居住在当地，就会产生依靠公共资金支持的新市场，使区域得以再生。例如，如果 NPO 能够充分利用不动产，就会产生租金收入，原本不产生价值的房屋也能创造出价值。

起初，当地的商业街和居委会拒绝将这些不动产改建为无家可归者的居住设施，但后来他们也开始对“通过居住支援来建设城镇”的想法表示赞同。实际上，有一处已经停业的简易宿舍，在其售价为 1.2 亿日元时无人问津，但当 NPO 刚刚和它签订完用于居住支援的合同后，就出现了开价 1.7 亿日元的买家，业主立即将其出售。那个买家从银行获得了超过 1 亿日元的贷款。由于租金收入每年可获得 14%的收益率，所以银行也在评估 NPO 的运营能力之后向其提供了贷款。

就这样，他们将无家可归者的居住支援与冷门区域的闲置房屋联系起来作为地区再生的手段，创造了资金循环的新商业模式。

从这里也可以得出观点——不要把人看作“静态存在”

（being），而是看成“动态存在”（becoming）。如果将无家可归者固定地理解为“静态存在”，那么他们就只是福利援助的对象；而另一方面，如果把他们理解为不断生成发展的“动态存在”，那么他们就将成为地区再生的中坚力量，使公共资金得到循环。换句话说，过去静止不动的房屋仅仅是单纯的物质，而通过 NPO 对无家可归者的支援，它们在城镇建设的网络中被激活，产生了附加价值。

人如果能在现场边行动边深入思考，就能看到物质背面的事件。而且，即使同样都是现实，这里指的也不是从旁观者的角度把客体当作对象的客观事实，而是在主客体未分的情况下，自己进入情景中去感受的实际行动。在客观事实的世界里，每个人都保持着“静态存在”，而在实际行动的世界里，每个人都会变成“动态存在”。

MUSOU 的户枝先生一个人就可以集中照顾 5 个自闭症患者，当他对这项本领充满自豪的时候，也将残障者视为了“静态存在”。但是，他对现有福利设施的存在方式抱有疑问，在现场一边行动一边进行深入思考。后来，随着认知的变化，人们不再把残障者所处的现实视为客观事实，而是当作实际行动来看待，残障者也由“静态存在”变成了“动态存在”。户枝先生也因此意识到了残障者的内在生产力，创建了艺术广场。

我们应该把人理解为静态存在“是”（being），还是动态存在“成为”（becoming）呢？人性观的差异决定了在所有领域中与对方保持关系的方法，包括商业领域中的顾客、企业经营中的员工、教育领域中的学生、医疗领域中的患者、行政领域中的居民……而且，当我们把人理解为“动态存在”的时候，一个前所未有的世界就会展现在眼前。

第四章 | 以动词为基础展开思考

序　言

当我们把目光转向“是”（being）的时候，固定的角色关系和含义就会被推到前面，思维也往往会受到束缚。这是一种强调“是什么”、以“名词”为基础的典型思维方式。

而另一方面，当我们把目光转向“成为”（becoming）的时候，“做什么”“成为什么”等“动词”就会常常被强调。我们会被追问在“此时、此地”，与周围建立了怎样的关系，将创造出怎样的场景。

以动词为基础的思维方式认为，世界是一个关系流动的过程，名词只是动词过程中的一个截面。

在这个变革的时代，即使是在日常的工作方式中，我们也必须从以稳定为目标的名词思维，向以创造源源不断的知识为目标的动词思维转变。

从基于名词的工作方式转变为基于动词的工作方式，本章将介绍通过办公空间的改造来实现这一目标的事例。

说到朵茉丽蔻（Domohorn Wrinkle），它是一种在电视购物中广为人知的基础化妆品。其生产销售商——再春馆制药所通过建立同一个屋檐下的“终极大房间”，消除各部门之间的“领地意识”，追求以顾客满意度为中心的经营目标。让我们走进这个令人惊叹的办公空间吧。

案例七　办公空间的奇迹——再春馆制药所

从“监督”到“共创”，千名员工齐聚一堂，在“同一屋檐下的大房间办公”。

◆故事篇

要点 1：采用大房间方式使办公室内部“可视化”“可听化”

从熊本机场驱车约十分钟，登上一座小山丘，眼前便出现了再春馆制药所的一个重要基地——“Hill Top”。在这里，被称为“药彩工业园”的工厂和名为“TUMUGI 商行”的公司总部大楼并排而立，两者中间是兼具玄关和资料馆功能的“迎宾馆”。

这里东临阿苏外轮山，西望熊本市街，当你一边沉浸在美景中，一边走进总部的时候，映入眼帘的是比景色更令人震撼的场景——办公空间如同电影中的巨大布景一般展现在眼前，颇为壮观。

位于斜坡之上的总公司，在二楼设有入口；如果站在参观路线上俯瞰一楼大厅，就会看到下面没有任何墙壁或隔断的一层办公室，大量的员工正在忙碌地工作。这里占地 4 500 平方米，足足有 10 个篮球场那么大，据说最多可容纳 1 200 人。

这里采用了独特的树形结构，用 3 根树形柱子支撑着高高的天花板，没有任何阻挡空间的墙壁。面向下坡的南侧是落地窗，平时摄入的自然光与灯光混合在一起，给人带来舒适的光明。

与这一景象同样令人吃惊的是，俯瞰一楼的办公室，总公司所有部门的员工都在这里工作和生活。中间部分是被称为“川”字形的中央地带，它将楼层分为北侧和南侧。占据南半部分的是由接受顾客电话订单的话务员组成的电话营销团队，她们进行的是“入站营销”（在公司内部被称为“悦客组”）。该团队几乎都是女性，对于不进行任何店面销售的再春馆制药所来说，她们是坚守第一线的主力部队。

“川”字的中间是规划管理部门的区域，“川”字的北侧是少数进行电话外拨的“出站营销”团队。此外，一般的办公室为了管理客户信息，会把服务器机房设在人们的视线之外，但是在这里，服务器被放置在环绕一楼的玻璃房内。他们表示，正因为这是一个重要的场所，所以才放在同一楼层，让人能看到内部。

研究开发室也是一样的配置，同样是玻璃幕墙，房间内一览无余。另外，常驻的广告公司代理商和系统公司的员工也会在一楼摆放桌子。

然后，“川”字中央的长桌就是社长和董事长的位置。他们没有专用的单间。到了中午，员工们会从正在开会的董事们身边经过，上到二楼的员工食堂。这就是再春馆制药所特有的“同一屋檐下的大房间办公”所展现的全貌。

这里的会议方式也很特别。当“咚咚咚”敲击太鼓的声音响起，人们就会聚集到楼层的中央。在需要召集各部门的负责人进行商谈，或者有紧急情况需要传达的时候，敲击已经准备好的太鼓，喊一声“××的人请集合”，然后召集他们站在原地开会。虽然有些人因为抽不开身而无法参加，但因为距离很近，所以会议的情形看在眼里，内容听在耳中。

这里虽然也有会议室，但仅仅只有两间，而整个公司约有1 000名员工。各个部门的会议一般利用“川”字中央可以自由组合的三角形或菱形桌子举行。如果人数少，就在原地站着开会，这在楼层随处可见。在这里，一切都被“可视化”“可听化”，创造出了单层的终极空间。

这种终极空间象征着再春馆制药所的商业模式，同时也代表了企业的进化。

“从熊本市内的总公司原址搬到这里的TUMUGI商行是在2007年1月。虽然单层主义的构想是从旧址时代开始的，但如今其意义已经发生了很大变化。”西川正明社长说道，作为现任会长西川通子的长子，他在 2004 年 30 岁的时候从父亲手中接过了社长一职。

“现任会长西川是一位非常有魄力的管理者，在他自上而下的绝对领导下，员工们齐头并进，公司不断发展壮大。在单层的管理中，西川也亲临现场第一线进行指挥，对每一个角落都密切关注，带有很强的监督性。员工们就是在这种紧张气氛中发挥出了自己的力量。但是，我身上并没有他那样的能力。既然如此，就让我通过和员工们的共同努力来超越前任者吧。从自上而下的领导型转变为提案型，创造出一个全员齐心协力的工作环境。就是在这样的想法中，我创建了这个 TUMUGI 商行。”

与现任会长的“领袖型”不同，西川社长被公司内部评价为“沟通型”领导者。随着企业领导者的更迭，企业也在不断进化。为了更深刻地理解其中的含义，我们必须从过去果断实施的管理大变革说起。

要点 2：面对“堆积如山的退货”，从销售至上主义到顾客满意主义的巨大转变

故事要从 1982 年西川通子从创业者手中接过公司的管理权说起。

再春馆制药所是一家历史悠久的汉方制药公司。20 世纪 70 年代，其第二代产品开发出了日本第一款含有胶原蛋白的美容霜“朵茉丽蔻”。虽然他们已经开始进行邮购销售，但公司还是因为经营不善而倒闭了。于是，他们把重建公司的工作委托给了同样

在熊本县成立安保公司并取得成功的西川先生。

西川很早就在日本建立了一套成熟的电话营销系统，同时播放电视广告。通过免费电话订购免费样品。凭借这种经营手段，公司在短短7年时间里，销售额从破产时的每年5 000万日元迅速增长到100亿日元。

然而，1993年6月，当月销售额首次突破12亿日元时，退货现象带给了他巨大冲击。当分散在各处的退货被集中起来时，偌大的会议室瞬间就被填满了，如果对这些堆积如山的退货进行价格换算，金额高达7 000万日元。其问题在于以“出站营销”为主的销售方式。

他们在将免费样品寄送给客户之后依然持续拨打电话，实施强行推销。当时，由于针对话务员采取了销售额与工资挂钩的薪金制度，所以他们的销售方式变得激进，甚至出现了在客户购买之前不断拨打电话的推销方式。据说在兼职的话务员中，还有人年收入超过了1 000万日元。

由于导入了电脑自动持续拨号的自动呼叫系统，所以产生了针对同一客户多次拨打的“电话公害”，在消费者中心接到的投诉中，再春馆制药所的投诉量“名列前茅”。

为什么会出现这种情况呢？根源在于西川先生本人不知何时陷入了“销售至上主义”的怪圈。对于经历过一次破产的地方小企业来说，为了与原料制造商、广告代理商、运输公司等进行交易，确保人才队伍的稳定，必须提高自身的信誉度。为此，企业无论如何都要达到“100亿日元”的销售目标。这种想法对强买强卖的销售方式多半采取了默认的态度，其结果就是退货堆积如山。

西川先生一整天都在阅读客户的投诉信。唯一值得欣慰的是，虽然公司的销售方式受到了质疑，但没有人对商品表示不满。

“如果改变经营方式，顾客就一定会回来。”

西川先生不顾高管们的反对，宣布“从明天开始的3个月时间里，停止一切‘出站营销’”。同时，将该时间段全部用于公司内部研修，要求高层以下员工彻底改变意识。

此后，公司营销将从以“出站营销”为主转变为以“入站营销”为主；摆脱“销售至上主义”，把“顾客的声音”作为一切的中心，实践“顾客满意主义”。

直到昨天还在把销售额作为“主语”进行强调的管理者，自己否定了自己，重新把顾客满意度定位为“主语”。倡导这种转变的研修日复一日地进行着，被称为“地狱式的研修”。

这一年，西川先生在20岁的年纪进入公司。受在美国留学的姐姐影响，他在加利福尼亚上高中，毕业后，因为“讨厌学习而喜欢汽车”，原本打算入职东京汽车相关的公司，但在父母的劝说下，进入了再春馆制药所。在担任话务员助理半年之后，他接受了“地狱式的研修”。他这样描述当时的情形：

“西川先生亲自制定了一个连续3个月开展集中讲座培训的计划。在那之前，公司采用的是‘出站营销’模式，员工销售多少就能拿到多少钱，但是在营销理念转变之后，很多跟不上这种变化的人都辞职了。”

要点3：利用各种信息“设身处地”，向顾客作出最佳回应

以“大退货事件”为契机，公司的商业模式发生了180度的大转变。3个月后，“TM（电话营销）改革”开始实施。在“出站营销”方面，公司要求话务员在大约一周后给寄送样品的顾客打电话，如果顾客表示“不需要该商品”，之后就不再打扰。

同时，公司在“入站营销”的应对上也用尽了全力。如何才能彻底站在顾客的立场上呢？他们把“设身处地”作为标语，建立了一种机制，不仅要求每个话务员都遵照执行，而且将其作为整个组织的目标。

例如，电话营销团队的应对流程是这样的。每天接到的“入站营销”电话超过7 000个，包括免费样品的申请和老客户的订单等。即便如此，他们也必须确保在铃响两声以内接听所有电话。在拨打电话的过程中，让人等待的一方和等待别人的一方对时间的感觉完全不同，所以一切都需要站在等待者的立场上考虑。即使是面对多年的优质客户，公司也不采用专人负责制，而是由任何一位接听电话的话务员直接应对，这也是考虑到了客户优先、不让客户等待的因素。

另一方面，在接听电话的话务员面前的屏幕上会显示有关该客户的详细数据。只要触摸屏幕，记录着公司与顾客之间历史关

系的内容就会从不同的角度展现出来，而且除了文字和数字，还更多地使用了标记，让人能够从直观的角度来把握。有的甚至还记录了顾客居住地的天气状况，这是为了了解当时对方的皮肤处于怎样的环境之中。

其中值得注意的是，过去接待顾客的话务员会以手写的方式记录信息，他们留下的这种名为“书签”的顾客资料卡会被扫描并存储起来，因为是手写的，所以可以通过图像调用。

为什么是手写呢？因为朵茉丽蔻是针对皱纹和斑点等皮肤症状使用的基础化妆品，所以前来咨询烦恼的人很多。如果使用键盘输入，虽然效率高，但是文字容易变成定型的文章；而如果是手写的话，就连顾客烦恼的微妙感觉也能张弛有度地记录下来。所以，即使会花费更多的时间，他们也坚持尽量模拟当时的情景。

话务员会根据这些信息，当场了解对方是什么样的顾客，像多年的负责人一样，在与顾客不断对话的过程中做出最好的回应。如果手边掌握的信息是“顾客的孙子出生了”，就可以从“您的孙子长大了不少吧”这样的对话切入，以此放松对方的心情。在此期间，也不能忘记对着桌上的小镜子检查自己是否做到微笑待客。

通过这种“设身处地”应对顾客的方式，“入站营销”的销售额不断增加，在迎来改革第八个年头的 2001 年，“出站营销”和“入站营销”的比例从以前的 7∶3 逆转为 3∶7，整体销售额也几乎增加了一倍。

要点 4：创建办公室不是以“建筑”为基础，而要以“行为方式”为基础

在“出站营销”和“入站营销”的比例发生逆转的那一年，西川先生将发生重大退货事件时写给每位顾客的“道歉信”刊登在各大报纸的头版广告上，将过去失败的经过毫无隐瞒地公之于众。

“从那之后经过一年左右，西川先生开始让我准备继承的事项。”西川正明从助理开始，在体验了研发、会计、广告和现场的工作之后，进入了经营企划部。并在 28 岁担任董事及经营统筹部部长走上继承路线，这意味着自上而下推进的改革迎来了一个转折点。2004 年 7 月，西川通子这位领袖型领导者在 61 岁生日的前一天，退出了经营第一线。

继任的西川社长立即举全公司之力启动了总部搬迁项目。他本人这样描述事情的经过：“工厂的药彩工业园已先行竣工并完成搬迁，将原本面积狭小的旧公司总部迁移至新址从而实现产销一体化的构想早已存在。但是，我认为这不仅仅是单纯的搬迁，而是为了营造全体员工都能齐心协力的环境，需要一个大家共同创建总部的过程。在这个世界上，建筑师似乎被认为是最伟大的，但我认为我们要像对待自己居住的房子一样，不是把一切都委托给建筑师，而是由在那里工作的本公司员工亲手精心设计，这一点才是最重要的。”

西川先生将经营企划部 28 岁的年轻负责人提拔为项目领导。

被委以重任的年轻领导者召集各部门的负责人，从探索办公

室的创建理念开始着手。在追求“客户满意度”的过程中，我们的强项是什么呢？首先是通过电话营销与顾客建立直接联系，其次是单层主义。无论处于哪个职位、部门、立场，员工们都可以在面对面交流的同时，迅速灵活地应对任何情况。在这个过程中，每个人都会认识各种各样的事物，继而得到成长。

为了充分发挥这一优势，需要进一步进化单层主义。就这样，他们提出了“同一屋檐下的大房间办公”的概念，全体集中在同一楼层，全力推进可视化和可听化。

令人吃惊的是接下来的举措。为了有效利用优势，他们该采用怎样的行为方式？当这一点被运用在办公室创建上时，他们又该如何植入自己独特的坚持？因为有着对细节的极致追求，所以他们启动了“细节坚持项目”。与此同时，他们为 45 个项目招募成员，推进了一个共 200 多人参与的大项目。

例如：“坚持信息共享的团队”想出了一种方案，在一楼和二楼之间不用楼梯，而是用平缓的螺旋状斜坡连接。沿途的墙上张贴了各种信息共享的告示，他们认为，如果使用楼梯，人们就需要驻足凝视，很难注意到擦肩而过的人；而如果使用斜坡，人们就可以自然而然地看到告示，和往来之人的视线也容易交会，员工之间的交流也就不会被阻断。

“坚持会议形式的团队”想要把会议室的三面墙壁全部做成白板。当普通的白板没有足够的书写空间时，人们不得不将其暂时擦除，很容易产生“被泼了冷水的感觉”。如果整面墙都是白板，人们就可以不间断地一直写下去。同时，因为每个座位的人都可以在自己身旁的白板上书写并说明，所以无论采用怎样的会议形式，他们都可以灵活应对。此外，他们做出决定，在会议结束后也不会擦掉留下的记录，以便下一个使用者也能看到。这一点与信息的共享也紧密相关，是一种思维的转换。

可以自由组合的三角形或菱形的桌子，为了防止洗手间“堵塞”而采用的学校饮水处形式的水池……年轻的领导者这样解释他们竭尽全力追求细节的理由：“这就像设计自己的家一样，正因为我们是以这样的方式工作和生活的，所以我们觉得应该设计成这样。建筑师往往会从建筑的角度进行思考，而我们则是以自身的行为方式为基础进行思考的。双方的这种磨合非常艰难，我们常常和设计者一直讨论到半夜三四点钟。通过自己动手设计办公室，我们将公司的愿景渗透其中。在我看来，打造办公室也是打造人才的过程。”

要点 5：实现单层独有的快速经营

对于单层主义的执着，即使是在对待公司的访客时也不例外——他们接待客户不是在专门的会客室，而是在“川”字中央的桌子上。此时，如果试着坐下来环顾四周，就会发现所有的景象都映入眼帘。

南侧的电话营销团队的桌子呈放射状排列成半圆形，中心部分的指挥台会根据电话线路的拥挤情况，不断向各个话务员发出指示。

视线向西旋转 90 度，就会看见在玻璃幕墙的研究开发室里，穿着白大褂的研究员正面对着实验设备。据说，当顾客提出专业问题时，研究员会立刻从房间里跑出来接听电话，直接回答顾客的疑问。

另外，在电视广告播出后，电话会纷至沓来，当仅靠话务员无法应对的时候，出站营销团队和规划管理部门就会派人支援入站营销团队。

负责总公司搬迁项目的年轻领导者说："全公司的团结协作意识在搬迁到新总部之后更加强烈了。"

例如，曾经发生过这样一件事。某位话务员听到顾客说"我的视力下降了，所以看不清瓶子背面表明使用步骤的数字"。于是，她立刻和上司一起走向位于同一楼层的容器生产负责人的座位，当场就召开了紧急会议。因为改变使用步骤的印刷过程是很困难的，所以他们决定制作手写编码贴纸附在信封里，当场就采取了措施。这就是单层独有的快速解决办法。

"单层最大的特点在于沟通，"西川社长说，"直接的交流自不必说，仅仅通过在附近观看会议情形，就能根据那些参会人员猜到那个会议的主题，事后再问问他们相关的情况，即使不看报告书也能大致明白。在这个办公室，信息传达的速度是非常快的。"

要点 6：防止各部门各自"筑巢"，全员朝着同一个方向前进

在这个单层的办公室里，还有一个独特的机制。员工的座位

在各自的区域内并没有被完全固定，而是采用了自由选座制度。话务员上班后把旗帜插在自己所坐的位置上，并在终端设备里输入代码，那里就成了她自己的座位，同组的成员也会在她附近就座。

规划管理部门也是一样，如果早上第一个来上班的人在“川”字中间排列的桌子上竖起一根标有部门名称的旗杆，那么其所在位置就是当天该部门的座位。西川先生认为，自由选座制度是为了避免因座位固定而导致的“筑巢”行为，他指出：“虽然每个部门各自承担着自己的职责，但从顾客的角度来看，再春馆就是一个整体。我们所有人都必须朝着同一个目标行动，正因为如此，才会有这个单层的办公室。但是，当我们被划分到各个部门时，就会在不知不觉间关注部门各自的目标，倾向于各自‘筑巢’。为了防止筑巢行为，让大家都面向同一个方向，不仅仅要把办公室设在同一楼层，掌握灵活运用这一点的方法也很重要，自由选座制度就是因此而推出的。”

实际上，在搬迁到新总部的第三个月，他们就进行了大幅度的布局调整。起初，东西向的一条“川”字形队列细长，规划管理部门被安排在北侧区域。结果，因为他们与南侧的电话营销团队分离，行动路线也各不相同，所以在不知不觉间产生了一面“看不见的墙”。于是，他们将“川”字形队列增加为三列，将规划管理部门安置其中，缩短了与电话营销团队之间的距离，使其更接近“顾客的声音”。

另外，公司规定员工之间不能使用邮件联系，必须走到对方的座位上进行直接交谈。配有电脑的办公桌也有使用时段限制。这是因为他们认为，如果员工一直对着电脑，每个人都会倾向于“筑巢”，沟通也会因此受到阻碍。

要点7：与空间的“舒适度”相比，交流更为重要

他们坚持让所有人都在同一楼层里，朝着同一个方向前进。再春馆制药所的主打商品共8件，分别是朵茉丽蔻“抗皱祛斑系列”七件套和汉方制剂散痛汤，据西川社长说，他们“并不打算再增加新品”。

为了让公司业绩在商品数量有限的前提下实现持续增长，所有推出的活动都需要聚焦在同一点上，那就是提升顾客的满意度、想方设法让顾客能够长期持续使用本公司的产品。

为此，他们也陆续引入了一些机制。例如，他们开展了一种名为“角色扮演”的培训，这种培训能让员工从用餐护理、轮椅援助等方面体验“被援助者”的生活，让他们切身感受到彻底站在顾客立场上的意义和困难。

此外，在被称为“横向会议”的活动中，他们组建了跨部门的团队，想出能让顾客满意的活动主题，并将其转化为实践。他们这样说道：“人事的工作不仅仅是招聘，生产的工作也不仅仅是制造。我们所采取的这些措施都是为了将员工领取工资的意义统一在一个方向。”目前，这些机制与原本的业务均处于同等地位，

也成了绩效考核的对象。

公司内部用语也是以意识的共享为目标。每个员工都以“店主的意识”对待每一位顾客，在这个含义上，公司的经营方式可以称为“大型个人商店”。从总公司二楼向一楼俯瞰到的参观路线被称为“真实之路”，这是为了让大家看到自己工作时真实的样子。信息的传达被称为“共识”，这是因为只有达成共识才能顺利传达。

紧急集合时敲打的太鼓，正式名称是“共识的太鼓”；工厂被称为“药彩工业园”，站在顾客的立场上被称为“设身处地”……这种对语言的坚持有时也被称为“具有宗教性”。

“概括性的表达语义暧昧不明，有特色的用语才容易广泛流传。一直留存下去才是最重要的。”西川先生说道。据说，他近期还在计划大幅度的布局调整。

“这次我想将空间填得更满一些。如果将人与人的间距缩短 20 厘米，那么 10 个人就能缩短 2 米；而如果空间压缩 2 米，那么沟通密度就会扩大一倍以上。大家都在靠近顾客声音的地方，怀抱同样的热情采取行动。拓宽空间只会带来形式上的舒适感，与之相比，交流更为重要。”

放眼世界，不少企业都采取了自己特有的应对措施。只是，这些措施取得了多大的效果呢？再春馆之所以能将各种各样的措施有机结合在一起，是基于全员都在同一楼层工作的单层经营模式。

西川先生说道：“一切都是由环境推动的。”这句话让我们重新认识到了办公空间布局的重要性。

◆解释篇

本质1：以“名词”为基础产生权力结构，以“动词”为基础产生顾客满意度

再春馆制药所的“单层主义”告诉我们，在办公室的设计中也存在以名词为基础的世界和以动词为基础的世界。再春馆制药所单层的办公室明显是以动词为基础的。不是把办公室当作建筑物，而是以人的行为和工作流程为基础进行思考。在这个世界，他们并没有把办公室当作物质来看待，而是把在那里展开的事件作为中心进行思考。

如果以名词为基础来建造这个办公室会怎么样呢？例如，如果按照甲部、乙部、丙部这样的部门分类，或者以干部和职员这样的阶层分类为前提进行设计，那么就会出现完全不同的办公室。

动词是动态的、流动的世界，而名词却是静止不动的、静态而固定的世界。为了追求稳定，人类便产生了自我，产生了权力结构。而权力又会促进阶层分化，需要建立一定的秩序。当然，如果完全没有秩序，人类反而会感到疲惫（从这个意义上说，维持秩序是有必要的），但如果安于现状，权力结构就会固化，也就会逐渐失去产生多样关系的基础。不久之后，每个部分都会追求自己的目标，进步也就停止了。在再春馆制药所，他们所说的每个部门的“筑巢”就是指这种组织的停滞。

● 我们具有双重观点

物质思维	事件思维
以“名词”为基础	以“动词”为基础
静态的、固定的	动态的、流动的
客观的、主客分离	主观的、主客未分
科学的、分析的	真实的、完整的
理论性三段论法	实践性三段论法
先思考后行动	在行动中深入思考
人=being（静态的存在）	人=becoming（动态的存在）
从外部看客观事实	从内部看实际行动
旁观的	主体的、存在的
重视显性知识	重视隐性知识
时钟时间	适时时间

再春馆制药所经历了“大退货事件”带来的失败。为了不重复同样的失败，公司把“顾客满意度”放在中心位置，全体员工都为实现这个目标而持续行动。也正因为如此，再春馆制药所一直坚持以动词为基础的办公室设计理念，摈弃一切“筑巢”行为，试图不断激发公司活力。

“大型个人商店”“共识”“设身处地”……他们执着于使用这些内部用语的原因，在于他们想要通过共享以动词为基础的价值意识和问题意识，防止权力结构的产生和阶层分化。通常来说，当某种意识变为语言并形成概念的时候，它就会失去现实性，变得抽象化，典型的例子就是所谓的标语和口号。而另一方面，有些表达方式会通过抽象化而变得更加生动，让人有所启发，典型的例子就是诗和俳句。

松尾芭蕉的名句“蛙跃古池内，静潴传清响”所描绘的并不是“古池”“青蛙”“水声”等物质现实（客观事实），而是由各种相互关系编织出的事件现实（实际行动），是一个以动词为基础的世界。

我们认为再春馆独特的内部用语存在共通之处。把“传达”称为“共识”，把站在顾客的立场上称为“设身处地”，是因为他们重视事物之间的关系，正因为有了以动词为基础的经营观念作为支撑，独特的内部用语才会让人产生共鸣。

那么，应该以名词为基础，还是以动词为基础呢？再春馆制药所给出了答案，其“单层主义”不仅体现在办公空间的布局上，也体现在工作方式和经营方式上。

本质2：在“大房间经营”中，员工在相互建立深厚关系的同时共同成长

无论是以名词为基础还是以动词为基础，都将极大地改变人们看待世界的方式。正如本章开头所述，人类的思维方式也是如此。以静态的、固定的名词为基础，人是“静态的存在”，以动态的、流动的动词为基础，则是“动态的存在”。

前文提到的哲学家怀海特把世界全部视为过程，他认为重要的不是物质而是事件，他没有将人类视为“某人”这种客观存在

的实体或个体，而是将其视为“某人”的“独特的体验”。“某人”在“此时此地”的固有经验不断积累起来，才成为“某人”。

经验是一切知识的源泉。从经验中产生的知识一定会与某些事物产生联系，并且具有显著增长的潜在特性。人类在建立人与人之间关系的同时，或者在与事物发生关系的过程中，经常会采取一些行动。而且，他们在行动中积累丰富的经验，产生知识，并在与周围知识结合的过程中成为全新的自己。不断重复这一过程，就构成了人类所应有的“独特的体验”。

以再春馆制药所为例，“同一屋檐下的大房间办公”在这个过程中发挥了非常大的作用。因为在完全可视化、可听化的“像自己的家一样的生活空间”中，可以预见彼此的动向，建立起深厚的关系。

一旦建立某种关系，那里就会产生场景。在这里，场景具有动词性，而另一方面，组织却是名词性的，它是一种将场景的过程固定下来的机制。对于企业来说，组织当然也是有必要的。原本，通过动词性场景和名词性组织的协同作用，进行知识创造的循环，就会产生能够灵活应对环境变化的柔韧性（resilience）。

但是，因为组织总是容易僵化，所以知识创造的循环也往往会变得难以运行。因此，为了不让组织僵化，人们在与周围的人建立多样关系时，不断生成的场景非常重要。在这种情况下，“同一屋檐下的大房间办公”就具有了重大的意义。

在再春馆制药所，员工将为了什么而持续努力，并成为全新的自己呢？他们追求的是“顾客满意度”这种共同善。前任社长是一位领袖型领导者，他通过亲自树立卓越性的榜样，将这一愿景渗透到了公司内部。

如果拥有领袖型领导者，公司就可以凭借其强大的领导力转变员工的工作方法，实现以动词为基础。同时，公司将对此进行改进，让全体员工都能自主地、分散地共享领导能力。现任社长之所以坚持以动词为基础设计办公室，就是出于这个原因。

本质3：重复“一即多，多即一”的过程

但是，人类是否应该一直以动词为基础呢？事实并非如此。在某些时机，以名词为基础也是有必要的。下面就让我们来解释一下两者之间的平衡关系。

虽然人类在建立人与人之间关系的同时，会不断地采取行动，变成全新的自己，但关系本身是看不见的。如果过度地沉浸在关系中，反而可能会失去自我。因此，每个人都有必要暂停行动，确认一下关系和流程。在再春馆制药所宽敞的一层楼里，各处随时举行的会议，就属于这种确认的场景。

当太鼓声响起，被叫到的人们就会同时聚拢过来。因为他们原本就每天通过面对面的方式交流，所以短时间内就能得出一个结论。而当结论一旦确定，他们就会又向四处散开。

这就是“一即多，多即一”（个体中有整体，整体中有个体）的循环。当每个人都保持彼此之间的关系，以顾客满意度这一共同善为目标，以动词为基础行动时，“我”就会作为整体关系的一员被纳入其中，成为句子的谓语部分。在日本著名哲学家西田几多郎的哲学中，这被称为“谓语逻辑”。

但如果这样的话，人们有时会无法确认自己正在做的事情是否有意义。于是，他们会停下脚步聚集在一起，一边讨论一边得出一个结论。当他们暂停行动、相互讨论的时候，每一个“我”都会成为主语，所以就变成了以名词为基础。

当人类自身成为主语时，就会把对方当成对象，试图分析、支配对方。在讨论的时候，也会经常出现主语和主语相互冲突，无法得出结论的情况。西田哲学称之为“主语逻辑”。

一般来说，“主语逻辑”和“谓语逻辑”很难并存。关于这一点，在再春馆制药所中，虽然自称为“我”的主语各不相同，但从根本上来说，他们每个人都以顾客满意度为目标，在大房间办公的场景中，通过强有力的关系联结在一起。由于这个过程是以谓语为基础的，所以他们可以互相确认“一即多，多即一”的关系。因此，即使在会议上是以名词为基础的，在结论确定后，他们也会回到以动词为基础的思考方式，采取进一步行动。

再春馆制药所之所以如此重视大房间办公的场景动力机制，与其独特的商业模式密切相关。

电话营销是收益的主要来源，它成功与否取决于话务员通过电话交流能在多大程度上“设身处地”为顾客着想，取决于他们能否在短时间内掌握屏幕上的顾客信息，仅通过与顾客的语音对话就实现情景共享，即兴做出最佳的判断。为了支持这一点，研究人员也需要回答顾客的提问。面对顾客的需求，跨部门的及时响应很有必要，这就要求所有部门都能做到以组织为单位“设身处地”为顾客着想。

在此，单层经营具有重大意义，因为它不断地重复“一即多，多即一”的过程，使全体员工都能根据情况及时做出判断、采取行动，从而调整到最佳的状态。

如果只是以名词为基础，那么个别的“我”只能相互支配，而不能成为“我们”。最终的结果就是在彼此之间竖起一道屏障，也就是所谓的“筑巢”。而另一方面，如果仅以动词为基础，“我”就会淹没在“我们”之中。

● 场景中的“我”与“我们”

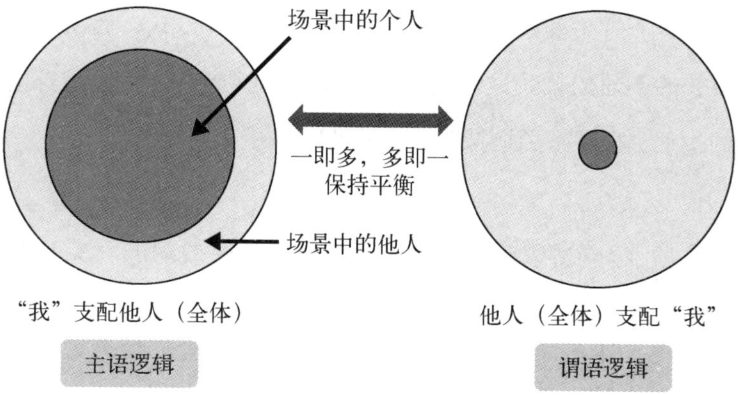

只有让两者循环，创造出一个“我”和“我们”相互平衡的场景，组织才能体现最大的创造性和效率性。在西田哲学中，“主语逻辑”和“谓语逻辑”在相互竞争的过程中建立了良性关系，这被称为“绝对矛盾的自我同一”。

“同一屋檐下的大房间办公”通过打造办公室，将这种循环转变成了现实。

在再春馆制药所的办公室还有一件事令人印象深刻。那就是数字和模拟的绝妙并存。一方面，公司通过电话营销将数字技术发挥到了极致；另一方面，无论是屏幕上直观的显示、手写的书签，还是共识的太鼓……公司的方方面面都涉及了模拟技术的运用。公司内部的告示也都是手写的，还配备了专门的团队。此外，对语言的执着也是一种模拟感觉。

西川社长说：“精美的办公室来源于办公桌上设计者的想法，对于工作者来说却难以使用。”然而在这里，数字和模拟并存的空间培养了一种平衡感。工作场所中不同的设计方式，提供了发现和成长的不同场景。这让我再次体会到，打造办公室就是打造公司的过程，也就是一个打造人才的过程。

本质4：创造以动词为基础的世界并大获成功的“东京趣志家（Kidzania）”

有一个例子，可以从另一个方面清楚地解释以名词为基础和以动词为基础的思维差异。那就是职业体验城“东京趣志家”开业的经过。作为“孩子们的王国、由孩子们建设的王国、为了孩子们而建的王国”，它于2006年10月在东京江东区的大型商业设施——丰洲城市码头啦啦宝都落成。

在趣志家，“入境”的孩子们（3—15岁）可以成为医生、护士、演员、模特、新闻记者、幼儿园老师、科学研究所职员、警察、法官、快递配送司机、比萨师傅、建筑工人等等，他们能在大约50间办公室及店铺中体验90种以上的职业。

办公室和店铺的占地面积与东京巨蛋体育场的场地面积相同（6 000平方米），并且它们全部按照通常尺寸的三分之二建造而成。

孩子们只要参与工作，就能赚取以“基索”（kidzo）为单位的工资，这里也有银行，所以如果参与储蓄，按照半年复利计算，将会得到10%的利息，可以在下次“入境”时通过ATM（自动存取款机）取出。当然，他们也可以使用“基索”在百货商店购物。

趣志家的发祥地是墨西哥。从日本著名餐饮企业退休的前任社长参观了当地的趣志家，被“孩子们在体验工作的同时通过五种感官学习”的行为所打动，于是决定将这种方式引入偏重于书面知识学习的日本，故事就是从这里开始的。

此外，可口可乐、通用汽车、沃尔玛、索尼等世界级企业作为赞助商在展馆参展的行为，也给这位前任社长留下了深刻印象。

但是，在日本创业，最困难的事情就是寻找赞助商。以名词为基础进行思考的企业方和以动词为基础的趣志家之间存在着巨大鸿沟。

趣志家是由各种动词构成的世界。“互相帮助”“战胜不安”“鼓起勇气搭话”“自己思考、判断、行动”“承担责任”“有时等候”“悦人悦己”“感谢”“失败”“发现重要的事”等等，多种多样的关系在此展开。

在这里，比起“谁来做”这个主语，“做什么”“会成为什么”等谓语更受人重视。而且，通过共享这些谓语，能够创造出超越年龄的“学习场景”，实现“我”和“我们”的平衡。

在前任社长身边，也聚集了一些认同这一理念的年轻员工。

而另一方面，成熟的企业组织往往会突出名词、强调主语。在前任社长和年轻员工去寻找赞助的时候，总会被对方问道“如果我们公司成为赞助商的话，成本收益率如何?”

这些企业并没有树立事件思维，考虑到让孩子们在体验工作的过程中产生对企业品牌的亲切感，他们关心的是当自己作为主语、作为投入资金的对象时，从分析的角度来看，可以得到哪些量化的收益，也就是说，他们始终无法跳出物质思维的范畴。

当听到趣志家的本家不是美国而是墨西哥这个国家后，很多负责人都犹豫了。

此外，日本企业的总体水平都差不多，当看到身边的其他公司又从哪里得到赞助时，这位前任社长甚至感叹：“为什么没有人能从正面看待趣志家呢?”

成人社会很容易陷入批判、否定看待事物的悲观主义。当成为趣志家的赞助商无法量化成本效益的时候，当得知其本家是墨西哥这个国家后，很多企业都开始犹豫，这些都源于“悲观主义”。

但是，这些企业的态度逐渐发生了变化，他们经历了从犹豫不决到下定决心主动参与的过程。其原因在于，首先，东京趣志家与三井不动产正在开发的丰洲啦啦宝都商场签订了一份商户入驻合约，使之成为公司信誉的一个担保。其次，当它与大型知名企业开始积极探讨合作的时候，为了与之联动，其他企业也都一步、两步地在向前迈进。

为了支持这个项目，趣志家组织了一个去墨西哥参观的游学团。以这种方式，让负责人亲眼看到实物，从现场、现物、现实“三现”的角度亲身体验主题乐园。终于，这种踏实的努力获得了回报，此前一直在洽谈的公司纷纷宣布会陆续参展。

正是在这个过程中，当初以名词为基础进行思考、没有采取行动的企业方逐渐认识到了一个以动词为基础的世界；也是在这个过程中，他们创造了孩子们新的“学习场景”，实现了从悲观主义到发现共同善的转变。

现在，东京趣志家得到了 60 多家企业的联名赞助。它在现实社会中企业的支持下，创造了一个个场景，不仅在物质上真实地再现了事物，还展现了嵌入多样职业知识的时空，让孩子们通过工作体验，在实际行动中学到了很多东西，掌握了丰富的隐性知识。每年来此参观的人数超过 90 万，创造了极高的人气。

而且，各参展企业也在展示各自展馆特性的同时，一边保持“一即多，多即一”的平衡关系，一边做出承诺，共同打造“学习场景”。孩子们积累的隐性知识越多，赞助企业的烙印就越深，也就越能形成品牌。在这里，趣志家的理想和企业的利益结合在一起，作为商业模式来说也是非常完美的。

本质5：推荐以动词为基础的“事件型企业”

让我们来介绍另一个以动词为基础的“大学”案例。

这所大学的名字叫“涩谷大学”，但这里既没有校园、教室，也没有特定的老师和学生。该学校把东京涩谷的整条街道作为校园，谁都可以成为它的老师和学生。无论在表参道之丘、青山图书中心，还是在明治神宫，都有适合人群聚集的空间，只要在那里竖起大学的旗帜，就可以即时就地变成教室，创造出“学习场景”。

课程开设于每月的第三个星期六，一年超过100课时，参加者多达数千人，且每次报名听课的人数都超出预定人数，非常受欢迎。课程主要以20—30岁的人为对象，内容有自然生态类、生活及工作方式类、文化爱好类、饮食文化类、社会问题类、逛街类等等，涉及很多方面。

讲师都是活跃在各自领域的专业人士，其中也包括很多在企业工作的中坚力量。他们每一个人都赞同学校宗旨，自2006年9月开课以来的4年时间里，讲师人数已经上升到490人左右。

运营这个项目的是 NPO 法人。由于不收学费，经费主要来自涩谷区全额出资的公共设施运营公司，分别是作为其两大支柱的业务委托金和企业的法人会费及赞助金。需要支付工资的专职工作人员只有校长和办公室的极少数人，负责课程策划和运营的工作人员全部都是志愿者。据说讲师的酬劳也只有 5 000 日元，还有很多人放弃酬劳。

本书的作者们为了取材，在开课一年多以后，拜访了位于公共设施运营公司内部的项目总部。办公室中摆放了一个很大的展板，上面贴着一年的课程照片。其中吸引他们目光的是教室形式的多样性，有明治神宫的森林、涩谷中心街的吉本无限大剧院、废弃的小学体育馆……

讲座的形式也丰富多彩，有现任艺伎在道玄坂的日式饭馆内担任讲师，在酒桌上进行交流的讲座；有把咖喱店比作“学生食堂”，一边探访美食一边讲授“咖喱学”的讲座；有时也会举办特别讲座，离开涩谷，和旅行社一起去郊外参加农业的体验和学习。据说，当某位志愿者委托其在日本红十字会医疗中心（涩谷区广尾）工作的医生父亲担任讲师并策划“缓和医疗”的课程时，医院就变成了教室。任何人都可以通过自荐或他人推荐成为讲师，这就是所谓“街道老师”的策划方案。

为什么涩谷大学会如此受欢迎呢？校长左京泰明先生曾在综合商社工作过一年半，退休后，他萌生了设立涩谷大学的想法，于是他主动请缨，独自一人开始了筹备工作。通过与民间组织及政府部门的各类人士建立联系，最终顺利开课。他这样说道：

“一提到上课，我们的脑海里就会浮现出老师站在讲台上授课的形象，但这种形式只是上课的手段之一，如果完全依靠这种手段，人们就会昏昏欲睡。学习应该存在于生活的方方面面，我们要摆脱固有印象，更加自由地思考。事实上，如果我们尝试在街上授课，那么参加者就能通过对事物的学习和了解，拥有自己的感悟，同时自身的存在也会发生一些变化。我想大家都能从这种经历中感受到价值和魅力。”

对“把整条街道都变成大学校园”感兴趣的企业越来越多，东京电力、东京燃气、札幌啤酒、日本烟草产业、三洋电机等 20 多家企业都成为法人会员在资金方面提供支持，同时，很多由企业赞助的课程也开始了授课。而且，这种趋势蔓延到全国，陆续诞生了札幌市的“札幌大道大学”、名古屋市的“大名古屋大学”、京都市的“京都乌丸大学”、广岛市的“广岛人大学”等姊妹学校。另外，东京多摩地区的“东京西部大学”、大阪市兵库县阪神地区的“大阪阪神大学”、福冈市的“福冈天神大学”、鹿儿岛县的“樱岛大学”、冲绳县的“琉球尼莱大学”等学校也在进行开课准备。

直到现在，包括涩谷大学在内的“把整条街道都变成大学校园”建设项目仍在继续。这说明，在追求个人知识创造的时代，学习方式从以静态的、固定的名词为基础转变为以动态的、流动的动词为基础，而这种转变也正在成为一种趋势。

所有的知识都是从经验中产生的，经验一定会和场景联系在一起，而场景就是特定的时间、地点和人物之间的关系。在涩谷大学，每次上课时，每个人都会共享彼此的关系，积累只有在“此时此地”才能获得的经验。在这个过程中，人们会有新的发现。正如左京先生所说，“自身的存在会发生变化”，当有了新发现之后，现在的自己和以前的自己就不一样了。

而且，由于学校每次上课的场景都不同，所以每次都能创造出生动的经验，这就是所谓的“过程型大学”“事件型大学”。在常常以动词为基础开展活动这一点上，它们对年轻一代来说非常具有吸引力。

现有的大学大多是以名词为基础的。原本，教育者与学习者之间应该生成一个场景，但是，由于时间、地点和人物之间的关系是看不见的，所以人们就把“知识渊博的老师在教室里讲课，学生听课”的形式定义为“大学”，进行了概念化和名词化。以这种方式，使学费方面的金钱授受关系得以成立。这就是大学现有的商业模式。

大学教室里传授的是显性知识。显性知识是看得见的，但如果只有显性知识，便无法积累任何经验。这体现了现有大学教育的局限性。因此，现在日本的很多大学都在课程改革中坚持探索以名词为基础到为以动词为基础的教育方式转变。

我们可以看到这样的案例，在企业社会中，许多初创时期以动词为基础的企业，随着自身的发展壮大，逐步转变为以名词为基础。其权力结构被固化，秩序被放在首位。过去，在谓语互相联结的同时，主语是独立而分散的，当“我”和“我们”之间取得平衡之后，逐渐形成了主语支配与被支配的结构。

在涩谷大学，很多年轻的职场人士作为志愿者奔赴现场支持活动，这也许是因为他们对自己工作的公司、对那个以名词为基础的世界感到不满。

新知识作为一种“独特的体验”，是在人与人之间的关系中产生的。如果在企业的组织内部，主语支配的模式横行，那么就应该尝试重新构建“事件型企业”，让每个人都能在共享彼此间关系的同时积累生动的经验。在这种情况下，像涩谷大学这样的新型社会商业模式就具有很大的参考价值。

第五章 | 洞察无关事物之间“看不见的脉络”

序　　言

在上一章介绍的涩谷大学中，整条街道都变成了校园。于是，咖喱店变成了“学生食堂”，他们能够在那里探访美食的同时讲授“咖喱学”课程。

如果把乍看之下毫无联系的事物，像拼图游戏一样联结在一起，就会产生前所未有的新事物，从而带来变革。这个时候，我们需要的是能够洞察隐形脉络的能力。这也是在商业领域进行创新时不可或缺的能力。

本章所介绍的“装饰花叶经济”，就是通过把山里几乎不产生任何价值的普通树叶与日本料理联系起来，使“树叶变成金钱”，这简直就像传说中狸猫骗人的故事变成了现实。

使人口稀少的城镇焕发活力，承担这一课题的地区领导者怎样才能洞察那些看不见的脉络呢？“看到山坡就像看到了便利店的货架”，这种眼力又是如何锻炼出来的呢？故事要从一个路边竖立着狸猫和树叶广告牌的山村说起。

案例八 人口稀少城镇的奇迹——彩株式会社

将树叶变成金钱，通过“装饰花叶经济”从谷底重生。

◆故事篇

“‘你在想什么呢？这可不是狸猫把树叶变成金钱的故事！你必须更加认真地工作！’当一开始被他们这么批评的时候，我正为自己的想法感到洋洋得意，因此受到了很大的打击。”在德岛县的山间小镇、胜浦郡上胜町的第三部门“彩株式会社”担任代表董事的横石知二先生这样说道。

“镇民们还说：‘我们也有自尊心，把掉落在山间的东西收集起来出售，这是穷人才做的事情。’他们表示，即便再怎么没钱，也不会做这么丢脸的事。”

但如今，小镇的道路边已经竖立起了画有狸猫和树叶的广告牌，树叶支撑着人们“上胜必胜”的信念和自尊。

“一切都彻底改变了。”横石先生说道。“装饰花叶”指的是为日本料理增添色彩和季节感的叶子。在从上胜町发货的装饰花叶中，除了有南天竹、枫树、柿树等叶制品外，还有樱花、梅花、木瓜等花制品，以及柊树、楠树等祭祀用品，共涉及 320 个品种。

上胜町总面积的 85%是山林。其人口约 2 000 人，是四国地区人口最少的城镇；老龄化的比例约 48%，在县内位居首位。从数字上看，上胜町的人口在不断减少，老龄化正不断加剧，但全国关注的焦点是，190 名装饰花叶的生产者大多都是身体健康的老奶奶，且平均年龄超过了 70 岁，其中甚至还有年销售额超过 1 000 万日元的农民，是他们让该地区重新焕发了生机与活力。

“找遍全世界也找不到这么有趣的工作啊。”

“这就是生存的意义。”

奶奶们七嘴八舌地说道。确实，当听说“树叶可以变成金钱”时，任何人都会认为这是一笔“好的生意”。但是，如果只是单纯地销售树叶，城镇就不会如此充满活力。

从“出售掉落在山间的东西太丢脸了”到感受到“生存的意义”，这种戏剧性的逆转是由某种机制带来的。横石先生就是这一系列行动的倡导者，同时这其中也隐含了其他地区所无法模仿的秘密。

要点 1：如果平时就有问题意识，就能抓住创意的素材

故事是从毕业于德岛县农业大学的横石先生在上胜町农协担任营农指导员开始的。那是在 1979 年，他只有 20 岁。

随着人口的外流，城市变得消沉。在事务所里聚集了一群年过六旬的男人，从一大早就开始喝酒闲谈。在街上转一圈，就能

看到女人们聚集在一起说媳妇或别人坏话的场景。横石先生在农民的聚会上呼吁："我们为什么不能做一些这个城市特有的事情呢?"但是他的倡议遭到了强烈的反对，镇上的人们纷纷表示："与其这样，还不如从哪里拿一些援助金过来呢。"

第二年，也就是1981年的冬天，小镇遭到了"天谴"（横石先生说）。一股异常寒流来袭，作为主要农产品的柑橘全军覆没。

为了在短时间内找到能够变现的作物，横石先生全力以赴地投身重建工作。傍晚，在农协的工作结束后，他会挨家挨户地向农民收集蔬菜，运往德岛市内的市场。第二天早上，参加完竞拍之后再去上班。他持续过着在车上睡觉的日子，直到有一天，一场与树叶的相遇迎面而来。

那是1986年的秋天，他去大阪交货回来，和同事们顺路去了难波的饭店。当时，坐在斜前方的三个女大学生模样的人，在看到菜品旁边装饰的红色枫叶时，兴奋地喊道："这个好可爱啊。""那你就带回家吧。"于是，其中一人就把它夹在手帕里放进了包中。

枫叶有什么稀奇呢？在上胜町明明有很多……

他询问了店家，他们说这是"装饰花叶"，因为市场上没有售卖，所以是自己去山上找来的。当时，横石先生一直在思考有没有老年人和女性也能在山上完成的工作。在听到这番话的瞬间，他灵光一闪：对呀，我们就来卖树叶吧！

"我想，这就是答案。山里有城市里买不到的东西。高楼林立的大阪和群山环绕的上胜，我第一次意识到这种环境的差异是有意义的。我觉得在大阪站前抬头看到的建筑群和上胜连绵不断的山峦似乎重叠在了一起。”横石先生这样回顾道。

要点 2：不是销售树叶，而是销售树叶的使用场景

但是，当这位 28 岁的青年意气风发地回到镇上时，等待他的却是开头的那些话。

不过，既然已经决定要尝试一次，他就不会放弃。下定决心后，他开始从四家种植插花所用花木的农民那里收集树叶。他们觉得事物还是保持自然的状态比较好，于是就在山上采摘了一些树叶，然后把它们包装起来，取名为“彩”。但是，这些树叶却完全卖不出去。

怎样才能卖出去呢？……直到有个厨师对他说“这些都不能用”，他才意识到自己并不了解装饰花叶的使用场景。然而，厨师的世界是封闭的，外行人即使通过内部关系去拜访也会被拒之门外。唯一的办法就是自己成为客人。于是，横石先生开始自掏腰包出入日式饭馆。

“吉兆”“美浓吉”“播重”……每次去大阪或京都出差，他都会去一流的日式饭馆，把菜品中用作装饰的叶子和花记录下来，持续不断地自学。每一次都要花费 2 万—3 万日元。他的月薪是十几万日元，当时他已经结婚，有了 3 个孩子，但他把工资全部投入到了学习当中，从来没有给过家里一分钱。在这个双职工家庭，

家庭的生计完全依靠妻子的收入。他的妻子是上胜町人。

“对于我妻子来说，这么做也会让她出生的地方变得更好。她说，看到我追逐梦想的样子，她觉得很有趣。”横石先生说。

在他开始出入日式饭馆的第二年，发生了这样一件事。

“你要参观一下厨房吗?”一位热心的厨师向他发出了邀请，并开始教他装饰花叶的使用方法。例如，“南天”与“难转”[1]的含义相通；装饰花叶合适的大小取决于器皿和菜品的种类；装饰花叶能在保持自然状态的同时体现近距离观看之美，是因为经过了精心的修剪等等。在得到这些专业知识后，他把提升了好几倍的技术传授给了农民。

从采集到种植，农民不再从山上采摘树叶，而是开始利用斜坡自己种植。随着商品水平和交易价格的提高，表示“我也想做”的生产者急剧增加。

风向终于要变了。横石先生觉得这会是一个转机，于是他就像当初对待自己一样，把他们都带去了日式饭馆。

“来自乡下的奶奶们第一次进入城市的日式饭馆，当看到装饰花叶的实物、看到自己居住的山林真正创造价值的场景时，她们的意识发生了巨大的转变。如果自己生产的树叶能与店里的使用场景结合在一起，它们就是商品；但如果无法结合，它们就是垃

[1] “南天”与“难转”的读音相似，而“难转”可以表示“转运”“转危为安”“转变困难”等含义。——译者注

圾。她们意识到，销售树叶本身并不重要，重要的是了解树叶的使用场景，并能够创造出这种场景。”横石先生这样讲述奶奶们意识的变化。

要点 3：80 岁的老奶奶熟练运用电脑循环进行“假说验证”

这些老奶奶原本就拥有山里的智慧。她们知道如何根据斜坡的高低之差改变作物的品种，如何通过控制日照和风向来避免叶片受损，如何不使用农药就进行驱虫……

优质树叶“彩”的销售额节节攀升。但是，如果一直这样下去，今后可能会因模式固化而停滞不前。下一阶段的突破是以一则“冲击性事件”为契机的。

1996 年，在工作的第 10 个年头，横石先生突然提出辞职。

当时，农协 1 年的销售额已经超过了 1 亿日元。他觉得自己也差不多该换别的工作了。孩子们长大了，教育费用也增加了，把工资都花在工作上的生活已经无法再继续了。他决定跳槽去民营企业，所以提交了辞呈。

第二天早上，横石先生来上班的时候，农协门前有好几个农民奶奶含泪等在门口。在递交的请愿书中，记录着全部 177 名生产者的签名和每个人恳求他“不要辞职”的寄语。自己如此被别人需要吗？据说，他读着读着就情不自禁地流下了眼泪。

横石先生因此被特别提拔到了事务所的管理职位。尽管如此，农协的销售额还是因为他的离开而急剧下降。“我们希望他再次回到现场”，为了满足农民的要求，他们构建了农协的第三部门“彩株式会社”。

值得关注的是接下来的努力。如果仍然沿用之前的协作方式，奶奶们是无法取得任何进步的，为此需要建立一个让每个生产者都能自律的机制。抱着这样的想法，横石先生开始着手构建支持生产者的信息系统。

其模型就是7－11连锁便利店。7－11的各分店根据总部工作人员的建议及明天的天气、地区活动安排等“前期信息”，建立第二天畅销商品的“假说”并下单预订。之后，通过总部发送的POS（销售时点信息管理）数据对结果进行“验证”。横石先生想在公司和生产者之间导入这种机制。

“饭馆对所用装饰花叶的需求会随着季节、星期、天气、活动等各种因素而变化。我们只需要在市场需要的时候提供市场需要的东西。我发现便利店经营和装饰花叶事业有很多共同点。在进入7－11的时候，我仿佛看到阶梯状的商店陈列架和上胜町的山坡重叠在了一起。”横石先生这样说道。

1999年，随着“彩”的成立，获得国家实证实验事业认可的信息系统开始运行。公司和各生产者家中设置的电脑通过网络进行连接，公司方面每天发送不同品种的市场行情和需求动向等信息。生产者在此基础上，考虑哪个品种、出货多少才能获得较大的收益。发货的商品上都贴有不同生产者的条形码，他们第二天就能确认自己的商品在哪个市场卖了多少钱。

更值得一提的是，他们可以清楚地知道自己的销售额在全体发货者中排名第几位。横石先生这样解释该做法的目的：

“在农村，人们往往认为大家齐心协力、有组织地做事就会更顺利，但我反对这种想法。越是在农村，人的好胜心就越强，自尊心也就越强。如果邻居盖了房子，自己就也想盖房子；如果邻居买了车，自己就也想买。如果我们能有效利用这种心理，就能形成良性循环，发挥出强大的力量。先让每个人都成为主角，成为企业家；再将销售排名向本人展示，进行严格评价。彻底把焦点放在个体上，这就是我们采取新措施时最重视的地方。”

上胜町还引入了使用防灾无线技术的传真网，对于比普通订单价格更高的特别订单，将使用传真网进行统一传送。各家农民给总部打电话接受订单，也是遵循先到先得的原则。横石先生继续说道：

“无论是信息系统，还是无线传真，从根本就是一种‘交易机制’。在上胜町，这是一种让‘生产者独立思考的机制’。如何才能顺利出货呢？年过八旬的奶奶们非常善于动脑，不断提升自己的思考能力，她们的这种表现真的让我非常吃惊。”

要点 4：如果个体发光，整体就会发光

事实上，生产者又是如何使用这个系统的呢？我们拜访了一家农户，来到了考察者频繁造访的菖蒲增喜子女士家。

“很多外国人也来了，在这里就好像周游了世界。”

说这话的菖蒲女士出生于 1925 年。如果瞥一眼电脑屏幕上的个人销售业绩，就会看到上面罗列着差距悬殊的销售金额。

“排名？我很在意啊。去年秋天的时候，我也曾到过第 1 名、第 3 名。我能猜到第 1 名是谁，虽然我们并非竞争对手，但我还是觉得自己输了。这个月我是第 21 名，不行啊。”

她每天 3 次坐在电脑前，一边读取信息，一边决定发货的品种和数量。为了不失时机地出货，必须设想装饰花叶使用的场景。如果周末天气晴好，预计会有很多人在外面吃饭，就需要针对“现在的季节用什么材料最合适、什么样的菜品最受欢迎、适合的装饰花叶是什么”等问题作出假设；而如果是在举办婚礼仪式的季节，寓意吉祥的物品就会需求大增。她表示，考虑装饰花叶这个配角的出场方式比主材料还难，必须不断地开动脑筋。

“什么东西会卖得比较好呢？我一边阅读‘市场动向’，一边决定要出货的东西。我可不能白白地浪费货物、破坏市场价格。（看了看电脑）这个南天竹的供货量有点多了呢。”

菖蒲女士能够一眼看出电脑显示的市场行情，她简直就是当代的企业家。

横石先生将即使年过八旬却依然在努力提高业绩的老奶奶们比作美国职业棒球大联盟的铃木一郎。

“‘一郎啊，你不用考虑整个球队的事，你只需要考虑如何能打出一个安打、两个安打、三个安打！’在欧力士时代，当铃木一郎输了比赛垂头丧气的时候，仰木教练就是这样对他说的。他说他觉得这个教练很厉害。如果个体发起光来，整体也会跟着发光。所以，铃木一郎非常重视个人成绩，在深入思考后再进行比赛。上胜町的奶奶们也是如此。”

要点 5：事物本身的价值只占 5%，剩下的 95%取决于事件创造

横石先生本人的角色也发生了很大的变化。项目刚成立的时候，他冲在最前面，带领大家向前走。不久之后，随着事业逐渐步入正轨，他开始考虑转行。在这时，生产者们按照自己的意愿行动，试图对他进行挽留。看到这一点，横石先生认为这个项目“再也不需要和以前一样的领导者了”。于是，他把关注的焦点转移到了个体上，其原因在于他与生产者之间的关系发生了变化。他本人这样说道：

“我将从引领人们前行的领导者转变为组织推动大家的策划者。一开始，是我强行要求大家跟着我的，而大家跟着我，也是因为装饰花叶项目很挣钱。但是，这种机制是无法长久的。如果我一直是一个引领型的领导者，当内部发生问题的时候，既没有权限也没有预算的我，是不可能继续领导大家的。”

自从引入新措施之后，“彩”的销售额再次持续上升。2008年，年销售额达到了 2.65 亿日元，10 年间增长了将近 1 倍。

优势不仅体现在经济方面，自从开始了装饰花叶的发货，因身患重病而心情低落的奶奶们也恢复了精神。虽然上胜町的高龄

化比例居于全县第一，但是它的人均医疗费用是24个市町村中最低的，比排名第一的93万日元足足少了30万日元，就连养老院都已经关闭了。

他们运用于地区振兴的IT应用事例也受到关注，并与微软公司达成了合作关系协议。合作的目的是将经过上胜町验证的技术应用到高龄化加剧和人口持续减少的全国各地，同时也应用到微软产品的开发当中。据说，当时担任微软日本法人的达伦·休斯敦社长也多次亲自拜访。

“对方是世界级的大企业，我们只是乡下的小乡村。但是，我们并不感到渺小，而是试着站在同样的高度上谈论自己的事情，因此拥有了彼此之间能够共享的东西。”横石先生说道。

作为地区振兴的成功案例，各大媒体都来这里采访，每年来自国内外的考察者人数是城镇人口的将近2倍。年轻一代的“U形转弯”[1]和“I形转弯”[2]也开始出现，甚至还有一些来自东京的员工在“彩”工作。树叶改变了这个小镇，而且还将继续改变。

为什么上胜町能做到这一点呢？据说，周边地区的人都来询问能不能也帮他们把树叶卖出去。然而，就算他们想要出售，也没有人会单独购买树叶。如果仅仅只是营造一个环境，IT化根本

[1] U形转弯，指来自农村的年轻人移居城市，然后又回到农村的过程。——译者注
[2] I形转弯，一般是指从城市向农村迁移，有时候也可以表示从农村移居城市，此处应该是指前者。——译者注

就不会启动。

横石先生这样说道："树叶本身的价值只占 5%，剩下的 95% 都是我们自己创造的价值。农民奶奶们的努力自不必说，还有饭馆的厨师、企划公司的策划者、印刷公司或食品公司等各种各样的人，他们利用自己的店铺或公司，几乎都是通过无偿的劳动为我们提供了支持，这种联结是非常伟大的。如果我们能提供优质的信息，得到的也会是优质的反馈，这样就能形成一个非常好的良性循环。但是，如果你没有感受到住在这里的好处，那么你将无法看到任何信息。"

虽然其他地区也开始了装饰花叶事业，但"彩"占据了全国市场份额的八九成，拥有压倒性的优势。

人们把这个案例称为"人口稀少城镇的奇迹"。确实，在难波的饭馆与红色枫叶的相遇、支持丈夫把工资全部投入工作而不给家里一分钱的妻子、破例进入事务所的横向调动……这些奇迹般的因素重叠在了一起。但是，我们认为，将"彩"的事业作为一种机制来创建的过程，似乎揭示了对地区振兴来说至关重要的本质问题。

◆解释篇

本质 1：将乍一看毫无关系的事物联系起来，产生新知识的"知识生态系统"

我们所处的环境嵌入了各种各样的知识，它是一个"潜在的知识蓄水池”。在这个从环境中获取知识、释放知识的过程中，看似毫无关系的事物像拼图游戏一样联结在一起，产生新的知识，这种循环被称为“知识生态系统”。

由横石先生开创的“彩”的事业，也是从大阪难波一家饭馆的新发现开始的，这就是一个以地区建设为目标，创造知识生态系统的过程。

树叶本身是一种物质，也可能成为垃圾。生产者们不仅将横石先生从日式饭馆中习得的技术（显性知识）用于实践，还在现场亲身体验了装饰花叶的使用，接触到了厨师的技艺（隐性知识)，并以此为启发，将自己积累的丰富的山区经验（隐性知识）运用到了实践当中。

结果，当树叶作为配角来衬托菜品的事件发生时，树叶就变成了金钱。从这个意义上来说，知识生态系统就是一个多种知识结合起来创造事件的循环过程。

在上胜町，围绕“彩”会产生各种各样的事件。生产者必须在必要的时候尽可能准备衬托菜品所必需的装饰花叶。他们以信息系统提供的信息和自己察觉到的信息为基础，设想谁在什么时候会使用什么样的装饰花叶这一类的场景（事件)，判断最佳的发货时机并作出假设（事件)。

销售的结果不仅会通过经济收入，还会通过排名进行评价，以此激发人们的创造欲望，产生生存的价值（事件)。对于地区建设，横石先生不仅是从物质层面，还是从事件创造的层面来看待的。

而且，如果只是单纯地把树叶当成装饰花叶来换钱的话，也许一次改进就够了，但上胜町却将这个过程系统化，建立起了区域性的知识创造系统，这才是真正的创新，和那些只能看到树叶本身的区域有着极大的不同。

本质 2：培养洞察看不见的脉络和关系的能力

为了创造知识生态系统、创造事件，要像进行联想游戏一样，具备在看似毫无关系的事物之间不断洞察关系的能力。

“从在难波的饭馆与红枫相遇，到高楼林立的大阪和群山环绕的上胜因环境的差异使得本身没有价值的树叶产生价值，再到重新发现自己居住城市的价值”；或者“从便利店的货架（尽可能在必要的时候备齐来店顾客所必需的商品），到上胜的山坡（当作为主角的菜品需要用到树叶作为配角时，尽可能在必要的时候准备足够的分量），再到认识到商业模式的共性”，就像在这个过程中一样，横石先生对于洞察看不见的关系，有着超越常人的能力。

结果，日本菜和树叶相结合，开创了前所未有的装饰花叶生意；装饰花叶生意和便利店的信息系统相结合，创造了奶奶级生产者作为企业家的价值。

在通常不会联系在一起的事物之间洞察看不见的脉络和关系，如何才能掌握这种能力呢？

契机在于拥有强烈的好奇心。在难波的饭馆里，女大学生在见到菜品旁边的红色枫叶时，非常兴奋。看到这个情景，如果横石先生没有表现出任何关心的话，那么这个事件就结束了。同样，在看到号称便利店行业最强的7－11货架时，如果他没有产生“货物是如何下单的”这个疑问，那么这个事件也就没有后续了。

是什么让人产生了这种好奇心呢？那就是强烈的目的意识。

俗话说，瞎猫碰到死耗子，如果没有树立任何目的意识，“死耗子”也不会变成商机。相反，如果抱有某种目的意识，就会围绕“死耗子”或“碰到”这个事件本身进行深入思考。人类拥有一种“独特的体验”，如果说这种体验方式会表现出独特性的话，那么强烈的目的意识就是产生人类独特性的源泉。

以横石先生为例，一开始在上胜町的农协担任营农指导员的时候，他就抱有强烈的目的意识，“想做这个城市特有的事情”“想让每一位老年人都成为主角”。

强烈的目的意识促成了强烈的主人翁意识，激发人们做出主动参与的承诺。在主客未分的状态下，进入对方的视线，实事求是地看待问题。

正因为如此，当他在难波的饭馆里看到火红的枫叶时，就能联想到上胜山上人们身边取之不尽的树叶。再比如，当他了解到7－11有一种机制能提高订货信息系统的准确性时，就联想到了想方设法使生产过程与装饰花叶使用场景相协调的树叶生意。

当我们把现实作为客观事实来把握时，彼时看不见的脉络和关系，在进入主观行动的世界后就会逐步显现出来。第三章中介绍的社会福利法人 MUSOU 的职业介绍所——艺术广场也是如此。重度身心障碍者之所以能与亚洲杂货店的招牌女服务员联系起来，是因为有着强烈目的意识的户枝先生，发现了残障者所具有的内在生产性。从这个意义上来说，艺术广场也是一个知识生态系统。

此外，抱有“涩谷街道作为校园”这种目的意识，并且能从现实的角度来看，咖喱店就会变成“学生食堂”，并传授“咖喱学”知识。也就是说，涩谷大学也成了一个知识生态系统。

还有一个例子。一个被称为“街道接待员”的当地 NPO 组织在东京品川区的中延商业街实施了一项举措，将寻求生活支援的老年人、拥有特长的中老年志愿者和探索地区振兴的商业街结合在了一起。

当区域内的老年人遇到厨房及卫生间清扫等家务、涂装油漆及修补拉门等简单修缮、清扫树枝及除草等庭院工作……这些“麻烦事”的时候，可以购买专用优惠券，向提供服务的有偿志愿者支付报酬。这些优惠券可以兑换成作为区域货币的品川区通用商品券，用于本地购物。作为日本第一个在高龄社会中把困难互助解决和商业街振兴结合起来的模式，该地区的这种机制受到了各方的关注，和上胜町一样，来自全国各地的考察和演讲邀请源源不断。

那么，对于为老年人提供生活支援服务的中老年志愿者，应该用什么方式明确他们的报酬呢？经过内部的不断思考，致力于解决老人问题的领导者想出了用等价优惠券兑换地区振兴商品券的方法，这也就是因此而产生的一种机制。

在自己所处的环境中，将原本没有联系的事物联结起来，能够拼出多少知识的拼图呢？为此，变革的领导者需要具备强烈的目的意识和深入内部的现实视角。

本质3：如果看清脉络，就能及时做出最佳判断

除此之外，横石先生在经营树叶生意的过程中，每次都能洞察看不见的脉络。

横石先生把自己在一流日式饭馆中学到的技术传授给了生产者。可以说，这就是一本指导手册，将厨师所拥有的隐性知识转化为显性知识。一般来说，技术传授做到这一步就够了。但是，如果想让以前从来没有人做过的树叶生意取得成功，不仅需要技术，还需要为了担当事业而“培养人才”。

在与农民奶奶接触的过程中，横石先生意识到有些东西仅靠显性知识是无法完全传达的，于是他带领奶奶们去了一流的日式饭馆，在那里与她们共享自己的隐性知识。对于无法转换为显性知识的隐性知识，就以隐性知识的形式在现场分享。这与丰田为了传承丰田生产方式所采用的人才培养方法是相通的。

在这个过程中，横石先生还把自己从自上而下的领导者变成了自下而上的策划者，实现了自我的转变。他认为，从此以后，奶奶们的生产供货必须经过她们自己的思考，而不是听从上级的安排。这也是因为在提交辞呈后他收到的那封请求自己留下的请

愿书，从那时起，他了解到了彼此之间关系的变化，并根据现实情况完成了角色的转换。

树叶生意从一个人带动所有人的形式转变为每个个体自主思考、独立行动的形式。为了支持新的业务场景，还引入了以 7－11 为模型的信息系统。生产者养成了独立思考的习惯，掌握了高质量的隐性知识，能够读取并判断最佳的出货时机。如果这个判断准确，就能得到市场的认可。

另外，说到地区振兴，通常会尝试依靠团队的力量。在上胜町，横石先生也打算集全城之力开创树叶生意。与此同时，他发现在区域中把焦点放在个体上会取得更好的效果，因此引入了个体评价机制。

而且，如果每个人的收益都提高了，那么“彩”的品牌影响力也会提高，个体的利益就会带动整体的利益。于是，他在整体中建立了一个能实现“一即多，多即一”的自我认知系统。

“所处位置和出场机会”，横石这样表述上胜式的人才培养与管理方法。既有属于自己的位置，也有作为主角出场的机会，这是一种人类能发挥最大力量的状态。创造位置和出场机会，横石先生拥有看穿人类本质的出色洞察力。

上胜町每年都会有 4 000 多名来自国内外（其中还包括遥远的非洲）的考察者来访，横石先生也每年都在全国范围内进行数百次巡回演讲。正是因为他所做出的非凡的判断，“彩”的成功才如此受人关注。

要想及时地做出最佳判断，必须培养自己感知看不见脉络的能力。我们容易把目光集中在看得见的事物上，但其实看不见的事物中才隐藏着本质。

第六章 | 化偶然为必然

序　言

在难波的一家饭馆里，横石先生偶然目睹了女大学生在见到装饰菜品的红色枫叶时无比兴奋的场景，让这次“相遇”成了上胜町经营装饰花叶生意的契机。

一切都开始于两件毫不相干的事情在“此时此地”的偶然相遇。

如果女大学生们在其他店里吃饭，或者横石先生那天没有和熟人在那家店吃饭，上胜町的奶奶们就不可能取得年收入超过1 000万日元的成功，也不会有人从遥远的非洲来到四国的深山中进行考察。

有一种现象叫作“蝴蝶效应”，可以用“当蝴蝶在北京扇动翅膀，纽约就会刮起一阵风暴”来描述。一般情况下，容易忽略的极小条件可能会带来意料之外的巨大后果。这个过程非常复杂，无法预测，展示了自然界的混沌现象。同时，它也适用于人类社会和商业社会。

成功大多与偶然因素相关，但如果将偶然化为必然，就会产生一连串的成功。为此，人们需要具备哪些能力呢？

一个典型的例子就是蜜蜂在城市中心飞舞的“银座蜜蜂项目”中领导者们的行为。那么，领导者们是如何将蜜蜂“拍动翅膀”与“都市养蜂风潮”联系在一起的呢？故事的舞台从德岛的深山转移到了东京的银座，一切都要从这里开始说起。

案例九　都市的奇迹——银座蜜蜂项目

东京的银座是“蜜蜂的天堂”！在高楼屋顶上养殖蜜蜂，使银座“深山化”。

◆故事篇

在东京银座的高楼屋顶上养蜂。数万只蜜蜂在日本首屈一指的闹市区上空飞舞，这个异想天开的故事开始于分别来自城市和乡下的两个中年男人在银座的相遇。

故事发生在2004年。

都市男人田中淳夫在老字号百货店松屋银座店的后面，位于银座三丁目的租客大厦纸浆会馆担任董事。除了出租办公室之外，其主要工作是大厅和会议室的分时段出租。

大学毕业后，一直在银座持续工作了 20 多年的田中先生感受到了一种危机感。因为“大丸有”（大手町、丸之内、有乐町）区域和品川、汐留等地区得到了高度开发，高楼大厦鳞次栉比，而银座则处于被开发遗忘的角落。

把掌握各种信息的人才吸引过来，让他们从银座向外面发送信息。为了从单纯地出租场地转变为提供信息发布的场所，田中先生利用自己的公司会议室号召各方人士聚集起来。他邀请了被称为政策新人类的年轻政治家，组织了官员、商人、学生一起学习政策的学习会以及日中商人聚集的交流会等等，各种各样的聚会由此开始。

其中，由西点爱好者组成的“东京甜品俱乐部”从原先的会员之家搬到了银座，著名糕点师也前来展示新作品，在媒体上成了让人另眼相看的存在。

“当来到一个叫银座的地方后，人们的意志就会螺旋式上升。”田中先生再次认识到了银座这个地区所拥有的巨大传播力，他自己也组织了一个名为“银座区域研究会”的聚会。其目的是倾听与银座有关的前辈们的故事，追寻城市的记忆。

他还了解到，银座虽然现在是“消费之城”，但曾经也是掌握技术的工匠们所居住的“制造之城”。

另一边，乡下男人高安和夫是茨城县稻敷市从事有机蔬菜生产销售的农业生产法人“农业创造”的分社长。2001 年，他来到东京，想把有机蔬菜向城市推广，他选择了银座作为据点。同时，他参加了在纸浆会馆举办的围绕年轻政治家的学习会，遇到了田中先生。田中向他建议道："你不如举办一个以食物与农业为主题的学习会。"于是高安先生也发起了一个名为"银座饮食学会"的聚会。

作为活动的一环，他在稻敷市的农场设置了稻米制作体验环节，但由于地点较远，参加者寥寥无几。为了让大家都能体验，能不能在纸浆会馆的屋顶上进行农耕呢？对于高安的这个提议，田中爽快地答应了："只要是在银座制造有意义的东西（就可以）。"就这样，原本平行的两条线在这里相交了。

但是，在大楼的屋顶上可以进行哪些农耕呢？两人一时想不出什么好的主意。如果一直这样下去，两个人的相遇就不会给银座带来任何改变。这时，第三个人登场了。

要点 1：把握偶然的相遇，进一步采取行动

2005 年深秋，两人在和朋友聚餐时，偶然听说岩手县的一个养蜂人正在东京的大楼屋顶上寻找一个可以养蜜蜂的地方。乐于助人的田中先生被在银座采蜂蜜这件有趣的事情所吸引，不假思索地回答道："我可以把我们大楼的屋顶借给他呀。"

几天后，养蜂人来了。他就是盛冈市郊藤原养蜂场的第三代继承人藤原诚太先生。从明治时期开始，藤原养蜂场就一直是日本近代养蜂事业中先驱般的存在。他们一起登上屋顶后，没想到

藤原先生突然蹦出了一句:“这是饲养生物,你们可要好好学习啊”。

他的意思是,纸浆会馆的屋顶如果由专业人士作为职业来经营的话太狭窄了,但如果作为市民活动,由市民自己养殖蜜蜂的话,他们愿意全力协助。“蜜蜂太可怕了,我可不敢碰。”本来打算帮忙分养蜜蜂的两个人打起了退堂鼓,这个话题便暂时没有了下文。

是藤原先生将这三条即将分离的线再次拉近。虽然养蜂一般使用的是改良后的西洋品种,但藤原先生重新评估了人们普遍认为无法养殖的日本本土蜜蜂,并确立了新的养蜂技术。如果沾染了农药,蜜蜂就无法生存,所以蜜蜂被认为是环境指标生物。藤原先生一直在强调蜜蜂生存环境的重要性,是如同“蜜蜂传教士”一般的存在。

此外,藤原先生还采取了进一步行动。来到东京之后,他带着两人去了在东京养蜂的永田町的政党大厦和母校东京农业大学的饲养场所,打开蜂巢,让他们用手背触摸巢框上密密麻麻的蜜蜂。蜜蜂微弱的体温传递过来——这是为了孵育幼蜂,它们一直在温暖着巢穴。

工蜂的一生很短,只有30天—40天,飞去采蜜的时间只有10天左右,它们吸食花蜜,将花蜜储存在腹部的蜜胃里,然后带回蜂巢。由于生命受时间的限制,所以即使在蜂巢和花朵之间不断往返,一只蜜蜂一生收集的花蜜也不过半茶勺而已。所以,它们没有时间去理会人类。原本深信“蜜蜂会蜇人”的两个人逐渐改变了心中的观念。

“我们试着自己养蜂吧。”两人下定了决心。藤原先生回忆了当初自己虽然被拒绝却仍然没有放弃的原因：“我想让那些认为蜜蜂就应该养在乡下的都市人对蜜蜂有所了解，如果在银座也能养蜂的话，其影响将不可估量。我见过很多对蜜蜂感兴趣的人在一段时间之后就会改变他们的精神状态，哪怕是为了这些人，我也要坚持下去。抱着这样的想法，虽然有些困难，但我还是取得了进展。”

就像藤原先生所说的那样，从那以后，与蜜蜂有关的事情改变了人们的精神状态。

要点 2：没有激烈的反对就表示“同意”，果断出发

银座养蜂首先要说服当地人。银座每天有 40 万人来来往往，纸浆会馆也有 5 000 人出入。他们能接受有刺的蜜蜂吗？田中先生担任了说服者的角色。

但事情的结果是，公司的部下们对他说“请你这个管理大楼的人不要做危险的事情”；在他前去解释的时候，租户们对他说“你脑子是不是有问题”，根本没人理会他的话；当地甚至还出现了“谁能阻止纸浆会馆的田中”这样的声音。妻子也反对说：“如果你被迫辞职该怎么办？”

尽管如此，田中先生还是挨家挨户地去找租户、当地的振兴

会、街道、消防署、区政府等部门说明情况。他去了好多次，经过反复地劝说，最终在没有得出正式结论之前就开始了行动。对于这么做的理由，他本人是这样说的：

"因为就算有人反对，这种反对也不算激烈。在银座养殖蜜蜂，突然被我这么一说，大家其实并不知道该如何反应吧。我把'不知如何反应'视为同意，所以继续向前推进。反正我本来就做了一些莫名其妙的事，让他们感到吃惊。"

从田中先生说话的样子，可以看出他开朗的性格。养蜂所需要的费用是 60 万日元，由他和高安两人平摊。令他们受到鼓舞的是，项目成员和学习会的参加者纷纷举手表示赞同。

2006 年春天，银座西点店的糕点师、酒吧经理、在当地拥有事务所的投资规划师、心理咨询师、律师等十几名职业不同的人聚集在一起，启动了"银座蜜蜂项目"，简称"银蜂"。

3 月 28 日，从冲绳寄来了 3 箱共 3 万只蜜蜂。打开蜂巢门一个小时后，蜜蜂们的后腿上就会带着相当于自身体重一半、被称为花粉团子的花粉块回巢。

一周后，迎来了第一次取蜜。将巢框放在离心分离器上，从取出口流出了花香浓郁的黏稠蜂蜜。收获的蜂蜜足足有 5.7 公斤。成员们以东京塔和汐留的高楼大厦为背景，将几十个装着蜂蜜的瓶子摆放在一起拍照，他们兴奋地欢呼："银座也成了蜂蜜的产地。"银座是一个适合养蜂的地方。

田中先生说道："据说蜜蜂的飞行范围只有 4 平方公里。在这个范围内，西边是皇居、日比谷公园，南边是浜离宫，大街两侧也种植了很多树。为了保存物种，皇居内不使用任何农药，区内也禁止在闹市区喷洒农药。对于蜜蜂来说，蜜源丰富且无农药之忧的银座一带是非常适合居住的地方，在刚得知这一点的时候，我感到非常震惊。”

从4月到6月，他们利用周末取蜜12次，共采集了150公斤蜂蜜。从染井吉野到百合、欧洲七叶树、日本七叶树、美丽胡枝子、橘树、薰衣草……蜜种的变化反映了自然环境的多样性。

要点3：编织一个被当地接受的“自产自销”的故事

怎么处理采集的蜂蜜呢？银座原本是一个制造之城，试着利用银座生产的蜂蜜在银座制造商品吧。虽然他们向当地的商店打了招呼，但一开始并没有得到积极的答复。大概是因为那些商店想象不到银座和蜂蜜会有什么联系吧。即便如此，通过在大楼屋顶的养蜂现场观看蜜蜂、品尝蜂蜜等环节，他们的努力取得了成功，越来越多的商店向他们伸出了援助之手。

高级西点店Henri Charpentier银座总店的玛德琳蛋糕、松屋百货银座店内的日式点心店万年堂和清月堂的羊羹、法国厨师三国清三先生的MIKUNI GINZA店内的蛋糕都使用了银座产的蜂蜜，在面包爱好者中颇受欢迎的Maison Kayser还制作了一款加了蜂蜜的丹麦面包。这些商品一经上架，就一跃成了店内的人气商品。

于是，在消费之城银座开展了“自产自销”的活动。媒体纷纷报道了这一系列的举动。

取蜜的时候，每次都有电视采访，国外的电视台也来了，向世界各地传递着信息。最令人吃惊的是当地人的反应。高安先生说道："中央区绿地公园科的人们很高兴蜜蜂能从自己养护的行道树上采集到蜂蜜；一开始认为养蜂行为很危险的老字号经营者们也一反常态，在接受采访时表示银座的环境很好，很适合蜜蜂飞行，并以此为豪。"

在屋顶上养蜂能够成功的原因，"从某种程度上来说，就是因为在银座"，田中先生这样说道，"根据老字号的代表们所说，银座自古以来就有不少想做异想天开之事的人。为了成为一流的街道，即使是奇怪的事物也要接受。只是，在经过'银座过滤器'的筛选之后，只会留下好的东西。因此，我们需要考虑怎样才能让这个项目留存下来，我们利用银座的技术将采集的蜂蜜商品化，编织了一个只有来银座才能品尝的美食故事。"

第二年的活动开始前，项目获得了 NPO 法人资格，对其目的有了明文规定："通过对蜜蜂的饲养，在感受银座环境和生态系统的同时，用采集的蜂蜜等来感受银座街道和城市自然的共生。"

以城市与自然的共生为目标。实际上，自从蜜蜂开始在银座上空飞舞之后，街上的环境就开始发生变化。原本不结果的树木通过授粉而结出了果实。鸟会来吃掉这些果实，也会吃掉树上夏天长出来的毛毛虫。这就是他们看到的场景。

田中先生说道："一开始，我被这件有趣的事情吸引，目的只是制造出美味的蜂蜜。所以，实际上，这个项目作为 NPO 的目的是后来被赋予的。但是，随着蜜蜂的到来，我们了解到在银座也有一个生态系统，开始有了环境意识。当看到自然的活动和生命的循环时，我们的意识开始发生戏剧性的变化。”

也就是说，在与蜜蜂接触后，人们的精神状态会开始发生变化。

要点 4：通过与不同性质的事物结合，创造出新的知识

从这里开始，项目开始呈现出多样化的发展趋势。2007 年，成员中有一名指挥家提议把蜜蜂在都市引起骚动的故事改编成轻歌剧。

银座也是文化之城。蜜蜂为它带来了“环境”这个新的关键词。既然如此，就让我们用文化的力量来传播在银座开始养蜂这个划时代的事件吧。在纸浆会馆附近能容纳约 300 人的大厅里，由专业声乐家演出的轻歌剧《银蜂物语》连续上演 3 天，引起了巨大的轰动。这一年，蜂蜜的产量增加了 1 倍，达到 290 公斤。

2008 年，产量有了新的发展。日本国内的蜂蜜产量约为 2 500 万吨，银座的产量相当于它的 0.01%。与此同时，日本国内的养蜂人大约有 3 000 人，在银座养蜂的他们也属于生产者当中的一员。

另外，将收获的蜂蜜提供给参与商品化的赞助会员，以每公斤 1 万日元的价格收取一次性的会费，第二年就获得了 200 万日元的收入。根据农林水产省的统计，农产品年销售金额在 50 万日元

以上，就可以算作销售农户。

那么，作为具有传播力的“银座农户”，是不是可以提供一个场所，为在各地进行无农药有机栽培的农户提供支持呢？于是，从这一年的 5 月份开始，他们策划了一个名为“银座农业援助”的活动，几乎每个月都会举办一次。

在纸浆会馆外临时搭建的蓝天市场销售农产品，在里面的大厅举办主题论坛。担任主导者的高安先生这样阐述自己在银座策划“农业”主题活动的意图：

“在开始养蜂的第三年，大家对环境的关心更进了一步，萌发了自己也是生产者的意识。虽然银座是信息发布的场所，但因为我们在制作食品，所以它也成了生产的场所。这样的场所是其他地方没有的。所以，我觉得在银座做这件事很有意义。”

参加论坛的除了有机农户和致力于恢复生物多样性的组织以外，还有农林水产省推进环境保护型农业的骨干官员。在幕后，还有很多农林水产省的年轻人作为志愿者参与项目运营。

其中一人在给项目支持者的信中写道：“我获得了在霞关的案头无法体验的宝贵经验。虽然一个人能做的事情有限，但是在与伙伴们相互尊重、相互联系的过程中，我切身体会到了这是一个能打动人心的项目。蜜蜂不仅仅将花与花，还将人与人、城市与地方，以及人们各种各样的想法都联系了起来。”

以前，一提到关于环保的代表动物，人们就会想到“农田里的鳉鱼”和“森林中的熊”，现在还增加了“银座的蜜蜂”，与此同时，将各地的活动团体和深山、近山及城市联结起来的网络建设也在不断推进。

更值得注意的是，这种联结在银座本地也得到了推广。“要努力增加蜜蜂能去的地方”，人们在附近大楼的屋顶上开辟了花圃和菜地，启动了“银座蜜蜂花园”系列活动。从松屋银座店、购物大楼七叶树之门、区营结婚礼堂银座 Blossom、白鹤酒厂东京分公司大楼到 NTT 东日本大楼……屋顶上的风景不断发生着变化。由于蜜源增加，第三年的蜂蜜产量达到 440 公斤，是第一年的 3 倍；第四年，也就是 2009 年，产量进一步增加，达到 800 公斤，创历史新高。

高安先生表示，如今银座蜜蜂项目正在“推进银座的近山计划（景观郊区化）”。

“在周边高楼大厦林立的环境中，为了保护景观，银座制定了建筑高度不超过 56 米（相当于 10 层楼）的限制性规则。即使属于建筑群中的盆地，在屋顶上种花种菜的活动也蔓延到了整个街道，产生了新的社区。鸟类和小动物会前来啄食树木通过蜜蜂授粉而结出的果实，人与自然和谐共生。这就是银座的近山计划。”

受到银座成功案例的激励，“想要开始养蜂”的申请也纷至沓来。在东京，在大田区的中延商业街、世田谷区的自由之丘商业街、多摩中心、惠比寿花园广场、池袋、江古田、日本桥等地的大楼屋顶上，人们也已经开始养蜂了。还有横滨、仙台、名古屋、札幌、大分等等，所谓的“蜜蜂圈”正在全国范围内扩展。

在银座的蜜蜂扇动翅膀，将会改变全国的城市面貌。对于这种出乎意料的扩散，田中先生这样说道："一开始我的想法是，如果不行的话就马上停止，这其中有一半是出于老头子的游戏心态。但当蜜蜂开始飞舞之后，我看到了原本看不见的东西，比如大自然的活动、人们的思想、街道的潜力等等。也就是说，蜜蜂不仅为树木授粉，而且还跨越行业和时代，将人与人联系在一起，建立了一对又一对紧密的关系。现在在农村地区，蜜蜂无法生存的环境正在不断扩大。我们并不是一个高喊'反对农药'的团体。但我想告诉你们的是，为什么在银座有蜜蜂能够生存的环境，而它们在农村地区反而无法生存。银座体现了理想社会的方向，而且展示了城市新的可能性。"

据说，他们正在计划获取更大的屋顶空间、将生产量提升到数吨规模、将蜜蜂作为"东京特产"。当这一切都实现的时候，城市的面貌和人的意识也会发生进一步变化。通过各种事物之间的相互作用，产生超过其总和的知识，这叫作涌现。银座的蜜蜂演绎的故事，向我们展示了一种未被发掘的涌现力，即使在一个成熟的城市中，只要与异类事物相遇，就会产生意想不到的事物。

◆解释篇

本质 1：将偶然化为必然，领导者"扎实的行动力"很重要

银座蜜蜂项目最初来源于两个人的相遇，他们分别是在银座从事大楼出租行业的田中先生和为了拓展有机蔬菜销路来到银座

的高安先生，接着，他们又遇到了顺路来东京探讨养蜂可能性的养蜂人藤原先生，偶然的要素发挥了很大的作用。

偶然本来是一次性的。偶然如果以偶然的方式结束，就不会引起更多的连锁反应。从“如果能在楼顶上采集到蜂蜜，那就太有趣了”到“如果在消费之城自产自销就能创造出引起共鸣的故事”再到“银座本来就是制造之城”，他们的这一系列想法就像联想游戏一样，从偶然因素发展为轻微的因果关系，进而形成了更为强烈的因果关系。

当蜂蜜的收获量达到国内生产总量的0.01%时，他们就能依据自己所掌握的“生产者”信息，与进行有机栽培的农户、致力于恢复生物多样性的组织等建立起新的联系，使相遇成为必然。

让我们在这里思考一下将偶然转化为必然的一些必要因素吧。

第一，领导者的行动力。首先应该关注的是，养蜂人藤原先生为了让田中、高安两人下定决心在纸浆会馆的屋顶上养蜂而采取的行动。

法国数学家庞加莱曾主张，自然界中除了存在由必然性支配的、基于因果关系的领域外，还存在着不可预测的、偶然发生的领域。在他的著作《科学与方法》（吉田洋一译，岩波文库）中有这样的论述：“如果一个极小的原因引起了我们不得不承认的严重后果，那么我们认为这个结果是偶然发生的。”

对东西方思想文化中的必然性与偶然性颇有研究的关西外国语大学教授野内良三在其著作《从“偶然”解读日本文化》（大修

馆书店）中，以半球形碗状容器为例，对庞加莱的在自然界存在可预测的“简单系统”和无法预测的“复杂系统”这一观点进行了说明。

将半球形的容器开口朝上，在其边缘转动像弹珠一样的小球，小球就会在容器底部和边缘之间来回滚动，最后落在底部静止下来。这个动向是大致可以预测的，属于必然性支配的领域。

而另一方面，如果将容器开口朝下，保持倒扣状态，把小球放置在容器顶端，那么球就会顺势滚落。但是，它会朝哪个方向滚动是完全无法预测的，属于不受必然性支配的偶然领域。

养蜂人藤原拥有以居民为主体、在银座的大楼屋顶上养蜂的理念，他与田中、高安两位先生的相遇是一种偶然。如果维持现状，养蜂事件就会像弹珠从倒扣的碗上滚落下来一样，无法预测结果。在现实中，田中、高安两人一开始表现出了拒绝的态度，尽管如此，藤原还是会在每次来东京的时候，都带他们去养蜂现场，让他们接触蜜蜂，不断向他们展示蜜蜂真实的样子。

于是，原本倒扣的碗逐渐改变了方向，最终变为开口朝上，弹珠也停在了它应该静止的地方。

同样的事情也发生在银座与当地的关系之中。当田中先生向当地提出要在银座的大楼屋顶上养殖蜜蜂时，就像他所说的那样，“大家其实并不知道应该如何反应”，此时的弹珠是放在倒扣着的容器之上的。

因此，田中先生在得出正式结论之前就启动了养蜂项目。在真正收获蜂蜜之后，他们把当初持否定态度的当地店铺也拉进来，创造出了“自产自销”的商品。于是，国内外的媒体便纷纷前来采访。“银座自古以来就有不少想做异想天开之事的人”“为了成为一流的街道，即使是奇怪的事物也要接受”，当地老字号的代表们也开始产生了这样的想法，原本倒扣的碗翻转了方向，弹珠在碗底静止下来。

● 必然性与偶然性

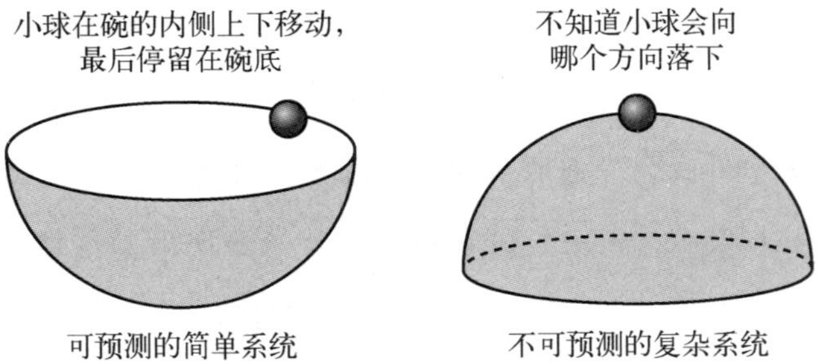

——摘自《从“偶然”解读日本文化》(野内良三著，大修馆书店)

首先要下定决心行动，同时每次都进行深思熟虑。本书反复强调了在行动中深入思考（contemplation in action）的重要性，因为这是进行创新不可缺少的能力。如果说这种创新大多是由偶然的必然化所带来的，那么扎实的行动力可以说是其中最重要的一种能力，它能使倒扣的半球形容器翻转，让事物从偶然状态中产生轻微的因果关系，再进一步转化为强烈的因果关系。

本质2：磨炼口才，通过故事化偶然为必然

将偶然变为必然的第二个必备要素是口才（修辞技巧）。

特别是在银座蜜蜂项目这样的社会商业项目（social business）中，领导者既没有正当的权力，也没有资源。为了建立新的关系、获取资源，将自己的隐性知识转化为显性知识传达给对方并与之共享的语言能力是必不可少的。

怎样才能将在银座的大楼屋顶上养蜂坚持下来呢？当他们开始在楼顶养蜂并收获蜂蜜时，如果维持原状，蜂蜜就会一直位于倒扣的碗上。

然而，田中等人利用银座的技术把在银座采集的蜂蜜商品化，编织了一个不来银座就买不到这些商品的故事，创造了“在银座自产自销”的表现形式，给人留下了这个项目顺应社会潮流的印象。结果，银座产的蜂蜜成了银座商店中不可或缺的原材料。

在屋顶上养蜂需要周边更多的蜜源。在此背景下，“银座近山计划”既符合屋顶绿化的潮流，又具有较高的附加价值，因此他们试图通过这一表现形式在银座的街区创造出一个人与自然和谐共生的生态系统。

同时，为了有效地发挥银座的信息传播能力，他们还使用了“深山的熊、近山的鲋鱼、银座的蜜蜂网络”等口号，利用大家对银座蜜蜂项目本身的关注，将社会的注意力转移到环境保护和生物多样性的实现上。

通过巧妙的口才说服周围的人，吸引他们参与进来，将小故

事串联成大故事。在介绍第三章荇菜计划的案例时，我们曾经提到过，变革的领导者必须具备让对方产生共鸣的表达能力。在语言的作用下，对方会采取行动，倒扣的碗也会翻转过来。表达能力可以成为推翻异议、化偶然为必然、唤起奇迹的强大力量。

本质3：来者不拒，运用自己掌握的情景联想能力抓住机会

从完全偶然的事件中获得重大发明或发现，这种偶遇幸运的能力被称为“机缘巧合”（serendipity）。为了获得偶然的幸运，我们需要来者不拒，积极投入工作、努力积蓄力量。

田中、高安两人为什么会遇到养蜂人藤原先生呢？最初的契机是号召各方利用纸浆会馆的会议室举办学习会。在无人使用的时间段里将会议室以低廉的价格提供给学习会使用，使他们能从银座向外发送信息。这一行为的动机是对银座这片被开发遗忘的、呈现盆地般现状的街区所产生的危机感。

在其中一个邀请年轻政治家一起学习政策的学习会上，田中和高安相遇了。高安向田中表示了自己也想举办学习会的意愿。于是，田中便向他建议举办一个他所关心的、以“食物与农业”为主题的学习会。

高安利用自己组织的“银座饮食学会”扩大餐饮圈的人脉。其中有一位女性，她从事着与各地区建设相关的工作，同时也是某个团体的成员，而该团体通过对蜜蜂的了解，对人与自然的关系进行了重新解读。在高安、那名女性和田中三人一起吃午饭的

时候，突然跳到一个话题，有人说藤原先生正在东京的大楼屋顶上寻找一个可以养蜂的地方。于是，田中先生答道：“我可以把我们大楼的屋顶借给他呀。”从这个回答中产生了他们的下一次相遇，也预示着银座蜜蜂项目的启动。

田中、高安两人的共同之处在于他们都拥有出色的情景联想能力，他们把自己在行动中遇到的事物，以及从外界突然闯入的事物全部接收，在自己的内心编织出一条脉络。对于任何事物都不能袖手旁观，不是把对方当作对象，将主体与客体分离，客观地观察；而是从客体切入，进入主客未分的世界。正因为如此，他们才能抓住别人抓不到的机会。

对于领导者来说，将偶然转化为必然的第三个必要条件是具备将平常的零碎片段串联在一起的情景联想能力。当两人决定在大楼屋顶上养蜂的时候，作为项目成员，不同职业的学习会参加者在纷纷举手表示赞同的同时，还形成了一支项目执行团队。他们之所以能这么做，也正是被两位先生来者不拒、全盘接受的积极态度所感动，从而产生了共鸣。

本质 4：从偶然中发现普遍性，需要“强烈的目的意识”

田中、高安二人对任何事都没有袖手旁观，而是来者不拒地接受，并且在自己的内心深处编织出一条脉络。在这个过程中，他们始终保持着强烈的目的意识。

从事房地产行业多年的田中先生对银座的发展滞后产生了危

机感，他开始摸索如何释放银座本身具有的潜力。一直在推广环境保护型农业的高安先生，打算从银座开始传播关于“食物与农业”的理念。两人听说了在大楼屋顶养蜂的想法后，做出了使用纸浆会馆屋顶的决定，还与养蜂人见了面，这是因为他们原本就具有强烈的目的意识。

当得知需要自己亲手养蜂后，他们曾一度踌躇不前，但在藤原先生的热情推动下，他们下定了决心，其根本原因还是在于他们所拥有的目的意识。后来，当真正采集到蜂蜜后，他们决定“在银座自产自销”；当蜂蜜的收获量增加后，他们又把自己当作生产者的伙伴，策划了“银座农业援助”等活动，创造出了新的关系，这一切也都是源于强烈的目的意识。

法国细菌学家路易·巴斯德曾经说过：“机会总会眷顾那些有准备的人（Luck favors the prepared mind）。”

偶然本来是一次性的，但如果能从一次性的偶然中发现普遍性的意义，就能向必然化更进一步。此时，除非在意识中有所准备，否则是无法看透普遍性的。在此，我们需要的是强烈的目的意识。

只要抱有强烈的目的意识，就能洞察彼此之间看不见的脉络。如果看不清脉络，你就只能看到开口朝下的碗上所放置的弹珠。但是，当你洞察了原本看不见的脉络时，倒扣的碗就会翻转过来，弹珠的移动轨迹也会展现在眼前。将偶然转化为必然，强烈的目的意识也是其中不可缺少的因素。

而且，强烈目的意识的根源是对于“做善事”这种共同善的追求。如果说人类本来就具有向往共同善的本质，那么每个人都具有将偶然化为必然的基本能力。

本质5：如果组织能进行“自组织”管理，偶然就会变成必然

银座蜜蜂项目的另一个特点是，参与项目的每个人都会通过“自组织”的方式将偶然变成必然。

在项目中，高安先生担任了NPO法人的理事长，田中先生担任了副理事长，但两人并没有发挥引领组织的强大领导力，而是聚集众多自律的成员，以相互作用为媒介，在混沌之中创造出比个体加起来质量更高、更为复杂的秩序和系统。这就是自组织（self organization）的存在方式。

每个成员都不是管理与被管理的关系，而是在自我激励的同时不断创造出新的知识。同时，自律个体产生的独特想法会传播开来，成为整体的想法。这是一种“主语逻辑”和“谓语逻辑”达到平衡的状态。

自组织行为的一个典型例子就是“银座蜜蜂花园”活动。其契机产生于2007年，主要以环境为主题的朝日电视台的信息纪录片《美丽的宇宙飞船地球号》（2009年9月结束）节目组，在得知银座蜜蜂项目的活动后，策划了一期在银座街道的大楼屋顶上建造蜜蜂飞舞的菜地和花圃的节目。松屋银座店对此表示赞同，

为节目组提供了其大楼的屋顶。

这就是自组织行为的开始。节目录制结束后，对环境问题感兴趣的员工们在志愿者中招募有志之士，开始对项目进行自主运营。在按季节举行的丰收节上，银座某酒店的总厨师长使用蜜蜂授粉种出的蔬菜制成咖喱，招待来宾。

这个活动也对周围的大楼产生了影响。七叶树之门在屋顶培育了香草和果实，并开始向馆内餐厅的顾客提供使用这些果蔬的菜单；白鹤酒厂东京分公司在大楼屋顶栽培了酒米，并因此在大楼内的酿酒设备中酿造出了“银座产的日本酒”……“银座自产自销”的圈子以各自独立的形式向外拓展。正如前文所述，在城市大楼屋顶养蜂的项目在东京都内，甚至全国各地都得到了推广。

田中、高安两人在藤原的带领下参观了养蜂现场，当他们触摸到蜜蜂的翅膀、感受到蜜蜂的体温时，就能预测到一些行为在全国范围内的扩散，比如在城市的大楼屋顶养殖蜜蜂、与之相关的大楼屋顶的菜园化和绿化改造以及城市内部自产自销等。

在这一过程中，很多偶然遇到蜜蜂的人自发地行动，将倒扣的碗翻转过来，将偶然变成了必然。

因为蜜蜂无法在喷洒农药的环境中生存，所以其本身就是自然环境的指标生物。它帮助植物授粉、支持生态系统循环，对自然界来说是不可替代的存在。当它被带到城市的时候，人们看到了以前见不到的自然行为，产生了“城市是蜜蜂的天堂”这种新的联想。对于都市人来说，这是原本仅作为物质的蜜蜂转化成了事件。

● 什么是自组织

集合自律行为的构成要素，以相互作用为媒介，从混沌中创造出比个体总和质量更高、更为复杂秩序的组织形态。

■ 各构成要素不是管理与被管理的关系，而是在激励自己的同时不断产生新的知识。

■ 个体积极参与，自主个体产生的独特想法传播开来，成为整体的想法。

在大楼的屋顶上养蜂、使用蜂蜜进行自产自销、打造蜜蜂飞舞的屋顶菜园、在丰收节上品尝采摘自屋顶的蔬菜、促使蜜蜂项目在各地推广……很多事件联结在了一起。

就这样，人们聚集在一起，在创造事件的过程中，以自组织的方式编织出新的关系，如果每个人都能做到这一点，那么事件创造能力可以说是将偶然化为必然的最基本能力。

结语 | 以“重新正视身体性”为目标，探索“场景管理”的理想方式

□ 对领导者来说“场景管理”很重要

我们在序章中说过，时间分为可以定量测量的“时钟时间”和追问质量的“适时时间”，而后者是指在当时的情况下是如何判断、如何行动的。

正如前文所述，判断就是指判断力，是一种不断在行动中深入思考，解读当时的语境和关系，做出最佳判断的能力。在不久之前，人们还认为事物的决策能力，也就是决断力，是领导者必须具备的条件，然而现在他们却更加关心决策的方法。

如何做出判断并采取行动呢？在本书中，围绕从“理论性三段论法”到“实践性三段论法”（第一章）、从“物质思维”到“事件思维”（第二章）、从“先思考后行动”到“在行动中深入思考”（第三章）、不是以“名词”为基础而是以“动词”为基础展开思考（第四章）、用眼睛洞察无关事物之间“看不见的脉络”

（第五章）、化偶然为必然（第六章）这几大章节，阐述了知识社会中变革的领导者所需要的工作方法。

这种思考方式的基础是将世界视为事物、事件、关系、过程，而不是物质，我们也可以称之为“过程理论”。

那么在组织团队开展工作的时候，从“过程理论”的角度来看，应该如何对成员进行管理呢？虽然团队是一个组织，但如果它只是一个以名词为基础的组织，人是不会行动的。只有在那里生成了以动词为基础的场景，人才会行动。场景是特定的时间、空间和人物之间的关系，也就是说，它是在事件共享的基础上产生的。

为了兼顾创造性和效率性并且提高两者的水平，需要什么样的场景呢？作为本书的总结，让我们来思考一下对于领导者而言“场景管理”的理想方式。

□ 先“隐居山林”然后再通过“集体讨论”交换意见

下面让我们来介绍一个有关汽车开发的案例。本田 Insight 是与丰田普锐斯齐名的混合动力车，自从 2009 年上市以来，它一直是一款非常受人欢迎的热销产品。

在本田，汽车的研发由研究开发部门本田技术研究所的工程师负责，开发项目的最高负责人被称为“LPL”（Large Project Leader）。担任 Insight 项目最高负责人（LPL）的关康成先生在环境相关的技术领域工作多年，还开发了第一个达到全球最严尾气排放标准（即美国加利福尼亚州标准）的发动机，但这是他第一次研究混合动力车，也是第一次担任项目的最高负责人（LPL）。

故事发生在2006年。在参加启动会议的时候，项目的最高负责人（LPL）在看到团队成员之后感到十分惊讶。因为这些成员比40多岁的自己小了将近一轮，没有什么经验，而且一半以上都没有驾驶过混合动力车。

在本田，汽车的开发项目由发动机、车身、底盘等各个纵向的技术部门横向联结而成。各技术部门的主管被称为“PL”（Project Leader），他们在最高负责人（LPL）的带领下发挥重要的作用。就像夹在“父母和岳父母”之间的“上门女婿”一样，项目主管拥有两个上司，分别是原本纵向组织中所属部门的部长和横向联结项目中的最高负责人（LPL）。

纵向划分的组织和横向联结的项目往往会产生利害冲突，因此项目的成败取决于项目主管的作用。然而，聚集在这里的项目主管，一半以上都没有经验。

他们竟然让这样一个一半以上没有混合动力方面经验的或者是第一次担任项目主管的人所组成的团队来开发这款备受瞩目的新型混合动力车。此外，在本田，人事权和预算权都归属于各个部门，最高负责人（LPL）是没有任何官方权限的，他只能凭借自身的领导力和人格魅力来领导团队。

“什么是混合动力车？如果不从这一点切入，肯定是行不通的。”

考虑到这一点，最高负责人（LPL）关康成收集了在国内能采购到的所有混合动力车，和主要成员一起开展了住宿试驾活动。这是在本田被称为“隐居山林”的集训活动。白天分别驾驶汽车在海岸大道和高速公路上飞驰，晚上在旅馆里穿着浴衣对饮，不论专业和职位，通过本田式的“集体讨论”自由地交换意见。对于该活动的目的，关康成是这样说的：

“从理论上来看，如果使用某项技术能达到降低成本等目的，那么成员们就会根据自己的情况采取相应的手段。然而，这种方式却无法绘制出最合适的图纸。当时，混合动力车在日本国内的整体市场占有率只有 1.5%，也就是说，未来将会有 98.5%的顾客第一次乘坐混合动力车。在这个背景下，没有经验的我们需要从亲身体验开始，获得自己的感受。你对当天乘坐的汽车有什么感觉？有没有不舒适的地方？如果是你自己的话，想要制造什么样的汽车？与专业无关，成员们可以在这个活动中自由地表达自己负责领域之外的想法，而且，他们的发言绝对不会被否定。因为理想是可以分享的，所以他们可以谈论自己理想的观点，比如当自己站在乘客的立场上时，会产生的想法等等。”

一个月以后，在第二次“隐居山林”的试驾会上，关康成向成员们介绍了开发目标——以低廉的价格生产一款不仅注重燃效性能，而且使用方便、灵活有趣的汽车。他们并不是要制造一款特别的汽车，而是要打造下一个时代的“普通汽车”，以便 98.5%的顾客都能乘坐。为了实现这个理念，他们向各方征集了意见。

“共享整体的目标，统一方向。当成员们将这一点应用于自己所属的领域时，就是在明确每个个体的目标，即他们想要制造什么样的汽车。这就是第二次试驾会最大的目的。”关康成说道。

□ 通过“尊重个体的管理”克服危机

在按照本田式风格统一方向后，团队向困难发起了挑战。当时公司的高层提高了汽车制造的门槛。“2009 年，我们将以低于 200 万日元的价格销售混合动力专用车。”时任社长的福井威夫向媒体表达了这个观点，这一言论给公司戴上了紧箍咒。

为了用更小、更轻、更低成本的汽车来实现高燃效性能，关康成自行设定了严格的重量目标，目标数值是 119 公斤，而这个目标设定却给他们带来了最大的危机。

当时正处于开发中期，图纸已经绘制完毕，即将进入原型车制造的阶段。然而计算结果却显示，汽车总重量超出了目标 10 公斤。因为要对原型车进行改良，所以别说削减重量，就连维持现状都很困难。关康成做好了项目延期的心理准备，决定对车辆进行重新评估。

“花一周时间把 500 克以上的零件全部重新排查一遍。”

需要修改的图纸多达 1 300 张，以克为单位的严酷减重行动就此拉开了帷幕。

关康成把项目主管和负责人依次叫了过去，和他所预想的一样，他们都表示了强烈的反对：“不能再继续轻量化了。”

对于一直坚持极限设计的专家们，如何在不打击他们积极性的前提下，让他们再绘制一次图纸呢？于是，关康成在面对他们的时候，直截了当地询问：“这个零件的作用是什么？”

关康成表示这是一个回归本源的问题，他这样说道：“每一个零件都是有意义的。因此，我向专家们提问：‘针对你们自己所负责零件的意义，你们想怎么做？你们设计的目标是什么？’于是，他们自己发现了不是重点的部分，回答说：‘哦，这里可以实现轻量化’。尊重个体是我的基本做法。你到底想做什么？就是这个问题打动了本田的设计者。”

一个月以后，他们成功减重 13 公斤，顺利度过了项目最关键的阶段。

□“二律背反”也要通过当事人回归本源来解决

尊重个体的管理也能解决日常生活中产生的问题。

这种管理提高了汽车的燃油经济性、使用便利性以及趣味性，而且，最重要的是价格低廉。在该项目中，到处都存在着“二律背反”的现象，特别是对成本的控制引起了部门之间的冲突。双方互不相让，争论一触即发，这种情况时有发生。当项目领导解决不了纷争的时候，他们就会来找关康成。

“如果最高负责人（LPL）能决定的话就简单了。但是，我曾经问过他们：‘你们希望的整体功能是怎么样的？当零件组合起来就能发挥更大的功能，为了达成这个目标，你们应该怎么做？’针对这些问题，我们需要回到上位概念，讨论整体最优，而不是个体最优。然后，最终回归基本概念。这样一来，我们就能看到对方让步的地方。我们通过试驾会‘隐居山林’的方式进行集体讨论，共享目标汽车的形象也是出于这个原因。即使要花很多时间，我也依然很重视相互理解。”关康成这样说道。

例如，关于轮胎的选择。为了削减成本，对于小型车“飞度”的通用化方案，负责油耗测算的部门强烈要求使用一种能进一步降低油耗的特殊轮胎。飞度轮胎和特殊轮胎，应该选择哪一种呢？最后，他们从制造“普通汽车”的基本理念出发，采用了飞度轮胎。但是，他们向做出让步的油耗测算部门承诺在其他部分降低油耗。

以自主分散为基础，在整体中重新把握个体，保持个体与整体的平衡。此时，创始人本田宗一郎的这句话成了大家向心力的源泉。

本田的开发项目采用的是将员工集中在一个大房间里的模式。关康成在那个大房间替代屏幕的白色墙壁上，张贴了一张手写的纸，上面写着“顺风扬帆”——每个人都要在自己擅长的领域把工作做到最好，然后结合智慧和力量制造出好的汽车。关于其宗旨，关康成是这样说的：

“我追求的不仅仅是技术上的专业性，还希望他们能发扬人性中的优点。那些善于相互协调的人可以弥补不善协调者的不足，并引出他们的意见。如果因为专业性而在彼此之间出现了壁垒，就利用人性来包容。在会议中，每当墙上映出资料的时候，成员们都会看到这句话。”

2009年2月，在项目启动3年后，Insight正式发售。它同时实现了189万日元的低价和每升汽油30公里的低耗油量，与3个月后登场的丰田普锐斯一起，正式拉开了环保汽车时代的序幕。

□ 让团队“自组织化”

我们常常误以为组织驱动着个人，但实际上规定着每个人具体行为的是场景而不是组织本身。场景驱动着个人，创造出超越各种成员知识总和的新知识。

那么，怎样才能创造出激发知识的场景呢？第一个条件是让团队自组织化。在自组织中，成员在不受外力控制的情况下，通过具有挑战性的工作超越自我，拥有超越自我的意志。在这个过程中，每个与此相关的人都无法成为旁观者。这不是别人的事，而是自己的事，每个人都必须拥有这种主人翁的意识。

在Insight开发项目中，最高负责人（LPL）关康成就是通过“尊重个体”的方式追求团队的自组织化。当团队成员产生了界限意识时，询问他们“你想做什么”“你想变成什么样”就是在激励他们产生超越自我的动机。

人们会根据自己的情况采取相应的手段进入自己的世界，然而如果在反复思考这个问题的过程中超越自我，就会从这个狭隘的世界中脱离出来，最终达到为社会、为他人的共同善境界，建立更为广泛的联系。这个过程看似效率很低，但其实不然。因为对共同善的追求，最大限度地提高了自我实现的可能性，不断发挥出超越自我的力量，增加了成功的概率。从这个角度上来说，它甚至可以说是合理的。

□ 将个体的主体意识转化为“交互主体性”

在 Insight 的开发项目中，到处都存在着“二律背反”现象，负责人之间常常发生矛盾。然而，创新在很多情况下都是通过整合“二律背反”来实现的。在 Insight 的开发中，最高负责人（LPL）并没有自上而下进行决策，而是从整体最优的角度来寻找双方的妥协点。

所谓整体最优是一种在与他人关系中的自我认知。那么，团队成员是如何超越自我、找到整体最优的落脚点的？团队又是如何实现自组织化的？让我们再来具体地看看这个过程吧。

团队的每个成员都拥有“想制造这样的汽车”的主观想法。也就是说，知识创造的根源在于每个人的主体意识。

例如，Insight 开发过程中轮胎的选择就面临着成本和油耗的“二律背反”。飞度通用化方案的背后蕴含了作为技术人员希望以更低的价格为用户提供产品的想法。而另一方面，使用油耗更低的轮胎，这个方案的背后则蕴含了人们想要实现更好环保性能的想法。每个人的想法和主体意识都不一样，如果各执己见的话，组织就会变得支离破碎。

● “此时此地”（Here-Now）经验的共享是场景的基础

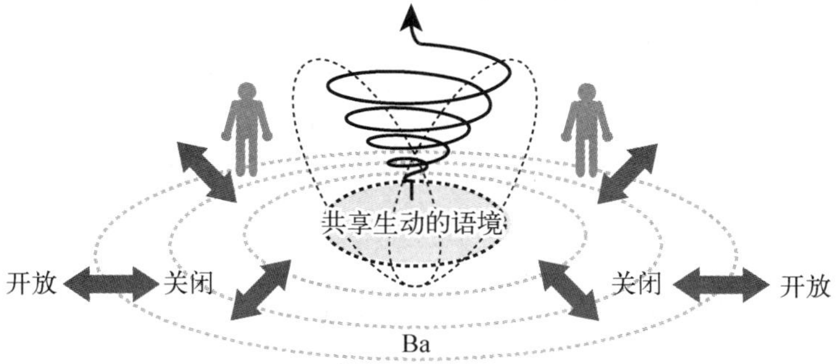

共享“此时此地”的经验，就会涌现出共同创造的知识

©Nonaka I.

因此，人们需要在共享各自主观想法的基础上，建立超越个体的大主体意识。对于轮胎的选择，其根源在于保护地球环境的愿望，在此基础上，团队的想法是把 Insight 打造成一款更多用户可以乘坐的“普通汽车”，通过确认这一点，他们就得出了结论。

正因为团队的每个成员都有自己的独特性，所以团队才会自组织化，创新才有可能发生。但是如果每个人都只停留在自己的领域里，那么创新是不可能的；只有当超越个体的大主体意识确立时，才有可能进行组织的创新。

在现象学上，这种超越个体的更大主体的建立被称为“交互主体性”或“共同主体性”。从这个意义上说，场景也就是交互主体性产生的时间和空间。当个体和整体同时存在的时候，组织最能发挥创造性和效率性。

□“身体性的共享”产生“交互主体性”

交互主体性是如何产生的呢？其基础是“身体性的共享”，这是创造知识的场景管理的第二个条件，也是本章的主题。

“身体性共享”的典型例子是本田在开发新车时使用的“集体讨论”。典型的集体讨论要离开公司集训 3 天 3 夜，从日常的工作环境中脱离出来进行讨论。

第一天是个体（主语）和个体（主语）之间的相互碰撞。成员们充分调动自己拥有的各种知识来交流意见。如果讨论进行得很彻底，就可能会发生争吵，但因为是在集训中，所以无处可逃。最终，那些只流于表面的显性知识会很快耗尽。

到了第二天，隐性知识就会显露出来，成员们开始面向所有人，接受对立者的存在和意见，了解彼此的想法。

然后，第三天，成员们打破了以自我为中心的桎梏，产生了建设性的思考，在概念飞跃的基础上产生了创新。在这 3 天 3 夜，他们共享生活的时空，通过身体的共振、共感、共鸣，产生了超越自我意识的交互主体性。为了举行共享身体性的集体讨论，一定要选择一家食物美味、温泉优质的旅馆，这是一种具有象征意义的做法。

● “集体讨论”过程的典型例子

- ■ 由公司负责安排场地（好的食宿条件）
  - ■ 摆脱日常的工作环境
- ■ 第一天：个体与个体的相互碰撞
  - ■ 话题从说上司的坏话、不满、对立开始
  - ■ 如果任其彻底讨论，可能会引发争吵，但无处可逃
  - ■ 在此过程中，表面的显性知识会耗尽，以自我为中心的桎梏会消失
- ■ 第二天：相互理解包容
  - ■ 承认差异，开始了解彼此的想法
  - ■ 即使对于不喜欢的人的意见，也会全面接受
- ■ 第三天：内心深处超越自我意识的共同主观创造力
  - ■ 产生建设性的思考和概念的飞跃

出处：小林三郎
“知识涌现型研究开发管理——本田”，《知识创造经营与创新》，野中郁次郎、远山亮子（编），丸善，2006。

有一位提倡“对话哲学”的哲学家马丁·布伯，他曾经说过，人在与其他事物建立关系时，会采取“我和它”与“我和你”两种态度。“我和它”是将对方对象化，只能建立一种单方面的关系。此外，作为对象的“它”随时都可以替换成其他事物。

与此相对，在“我和你”的关系中，人们会完全面向对方，在认同彼此个体身份的基础上，超越个体建立相互关系。因此，对方就成了无可替代的“你”。父子、夫妻、兄弟就是“我和你”关系的代表。

另外，依据发展心理学，意识有三个层次，最初，就像婴幼儿和母亲的关系一样，在人类的 DNA 中隐含着主客未分的身体间性。不久之后，当自我发展到一定程度时，人们会通过“我和它”的关系，把对方作为对象进行把握和分析。这是一个非常重要的阶段。

然而，据说，即使是在自我发展之后，人类也可以再次站在更高的维度上从自我中心化中解放出来，在无心无我的状态下与对方接触，在“我和你”的关系中建立交互主体性。集体讨论的第三天，就正好是一种“我和你”的境界。

□ 通过“身体间性”将对方的经验内化于心

为什么在共享生活时空、共享身体性之后，就能产生一种巨大的、超越个体的交互主体性呢？哲学家梅洛-庞蒂[1]使用“身体间性”的概念说明了在完全面向对方的时候，身体的共振、共感和共鸣比精神和意识更为重要。

例如，在右手触碰左手的时候，虽然右手是触碰的一方（touching），左手是被触碰的一方（being touched），但是不一会儿，最初被触碰的左手就会产生触碰右手的感觉，双方的角色进行了互换，产生了反转。

[1] 20 世纪法国哲学家。以研究感知为前提，认识到身体是经验的永恒前提；他关于知觉优先及存在肉体的验证，创立了主体间性的一个全新认识。

这种可逆的“双重感觉”在“我”和“你”之间也成立。我可以承认你的身体里和我以同样的方式存在的你，这就是身体间性，即身体性的共享。

如果人们与对方在身体上共享同一个时空，那么通过相互接触，就能站在对方的角度，将对方的经验内化于心。并且，他们能够超越差异，创造出更大的交互主体性。

本书中登场的领导者们也很重视身体性的共享。旭山动物园的小菅先生，在与动物接触的过程中，站在动物的角度，将无法实现自我的动物们的经验当作自己的经验，提出了行动展示的方案。然后，他和同伴们聚在一起，绞尽脑汁提出各种各样的想法，在相互讨论的基础上浮现出了“理想的动物园”的形象。据说在那段时间里，荒濑先生与同事们在居酒屋争论的情景也反复出现。

ecute 的镰田女士认为亲身体验是自己思考卖场经营模式最快的方法，于是她带领团队成员来到百货商场和车站大楼的现场。同时，为了共享项目所追求的高品质标准，他们从 20 家店铺买来草莓蛋糕，一起进行盲测，并互相尝试用身体来记忆。

MUSOU 的艺术广场和再春馆制药所的单层办公室，分别是健全者与残障者，或者员工之间、员工与管理层之间共享身体性的时空。在再春馆制药所，员工之间不使用邮件，而是通过与对方直接见面来传递信息，这也是共享身体性的一种典型做法。此外，据说堀川高中的荒濑先生一有时间就会在校舍内四处走动，“漫无目的地观察”学生们的状态。即使没有什么特别的事情，只要在学生们中间走一走、看一看，就能通过身体间性向他们传递信息，同时也能感受到来自他们的信息。

试图将对方的经验内化于心的人，能够从物质思维转化为事件思维。丰田 iQ 开发项目的中岛先生开车行驶在意大利和法国的乡间道路上，当看到修道院尼姑和深山老妪开车的姿态时，他并没有单纯地进行观察，而是站在对方的角度，试图去感受对方的经验（事件）。因此，当看到小停车场的标识牌上写着“只允许停放全长不超过 3 米的汽车”时，他并没有觉得“这个停车场不方便”，而是产生了“用四人座的汽车来实现这个目标”的创造新事件的想法。

ecute 的镰田女士于项目启动之际在冬天的大宫站观察来往的行人，从凌晨四点的首班车开始到末班车结束，整整持续了 3 天。而且，她的这种观察并不是对“我和它”关系的客观观察，而是试图通过“我和你”的关系建立交互主体性。因此，她使车站从“经过的车站”转变为“聚集的车站”，完成了创造新事件的挑战。

能够与团队成员共享身体性的领导者，在与顾客之间也能产生同样的交互主体性。这样才能吸引顾客，取得巨大的成果。

□“身体性的复苏”成为潮流

随着人们对身体性共享的重新审视，各个领域都出现了“身体性的复苏”，这成了最近不容忽视的一股潮流。

知识是人们自己创造出来的，它的出发点是以身体为媒介的经验。有了身体，就有了中心；有了中心，各种各样的知识就会集中起来产生新的知识。如果没有身体这个中心，就不可能拥有自我，那么即使给予再多的知识，也只不过是信息而已。所以，身体性再一次得到了正视。

我们来介绍一个典型的例子。本书的作者野中曾接受过一位软件开发公司管理者的访问，当时对方向他发出邀请，希望他参加其公司的研讨会。因为在此前，野中的工作和软件开发并没有什么关系，所以这让他觉得很不可思议。在听了对方的理由之后，他表示十分惊讶。

迄今为止，瀑布式开发一直是软件开发领域的主流。其方法是明确划分开发项目的工序，像瀑布中的水流下落一样，根据前一道工序的成果，依次进行下一道工序的作业。然而，这种方法已经到达极限，所以在美国出现了一种名为“Scrum[1]”的新方法。这一名称来自橄榄球比赛中前锋们交叉肩膀的对阵争球。

据说，这一切的原点是野中1986年在《哈佛商业评论》杂志上与当时在哈佛大学任教的竹内弘高（现任哈佛大学商学院教授、一桥大学名誉教授）共同撰写的一篇论文，文中他们将日本企业的新产品开发模式比作橄榄球进行了阐述。这种说法对于该公司来说是全新的。

---

[1] Scrum：橄榄球术语，指双方球员对阵争球；也指软件开发领域中的敏捷开发，适合增量的、迭代的软件开发过程。——译者注

他们在论文中介绍了一个被称为“生鱼片式开发”的案例，不是从逻辑分析的角度划分、切割各道工序的边界，而是将开发、制造、销售等各个阶段相互之间部分重叠的状态比作金枪鱼生鱼片一片片重叠起来摆放的样子，同时进一步将各个阶段相互渗透的状态比作一边传球，一边一起奔跑争抢，最终到达终点的橄榄球运动。

在软件开发的世界里，“敏捷（Scrum）”被认为是敏捷开发的方法之一。在规定时间内，将各自的专长相互渗透，进行动态开发，从而兼顾创造性和效率性。

● Scrum 方法

“新的新产品开发游戏”(The New New Product Development Game)
连续的(A)vs 重复的(B和C)开发阶段

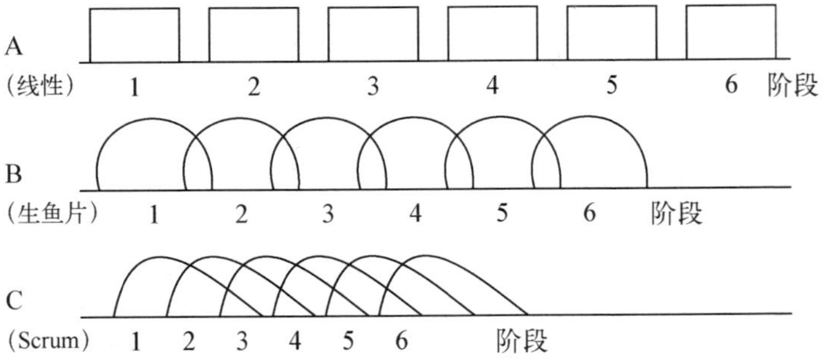

——摘自：竹内弘高&野中郁次郎(1986).新产品开发.哈佛商业评论杂志[J].1986.2

值得注意的是它的运用方式。在该公司，团队的全体成员每天都在固定的时间和地点集合会面，哪怕只有15分钟，也会利用白板和便笺召开多次头脑风暴式的会议。因为短时间内不可能把所有的想法都用语言表达出来，所以他们一边尽可能地通过肢体语言以及身体本身的共振、共感、共鸣分享隐性知识，一边创造新的知识。此外，在编制程序的时候，他们也要求成员必须两人一组，而不能单独行动。这是因为他们在运用 IT 技术的同时，也重视人与人之间的相互交流。

这种处于创新最前沿的软件开发模式实现了 IT 和身体性的兼顾，给我们留下了非常深刻的印象。事实证明，以瀑布开发模型为代表的分析方法已经无法引发创新，而对重新正视人类身体性的反思逐渐成为创新的关键。最近日本企业开始举办员工运动会、恢复“单身宿舍”等，这些都说明了对身体性的正视。

□ 传承和培养实践知识的领导力

本书介绍了一些实现奇迹般变革的案例，并指出为了实现真正的变革，领导者必须从根本上改变自己的知识方法。

在变革中需要掌握“明确目的、考虑方法、采取行动并实践”的“实践性三段论法”，而不是追求逻辑正确性的“理论性三段论法”；为了绘制一个他人想象不到的目的或目标，需要将物质思维转换为事件思维，看到凌驾于物质之上的事件，在此基础上，不是站在旁观者的角度看待现实，而是自己深入情景，在行动中深入思考。

在组织或团队内部，不要以名词为基础追求稳定，而要以动词为基础，兼顾“我”和“我们”，发挥创造性和效率性。

我们所处的环境是一个“知识蓄水池”，我们需要培养一种能力，洞察乍看之下毫无关系的事物之间“看不见的脉络”，像拼图游戏一样把它们联结起来，创造出新的事件。

成功在很多情况下都与偶然因素有关，为了使偶然成为必然，领导者的行动力、语言表达能力以及强烈的目的意识至关重要。一旦成为必然，人们就会在那里聚集，以自组织的方式不断产生新的知识。

对于领导者来说，他们的另一个重要作用是将这种实践知识的领导力传承给团队成员和部下，并对其进行培养。

关于人才的培养，美国式“胜任力模型”的理念曾一度被引入日本，引起了不少关注。这是一种将工作中成就卓越的个体身上共通的行为特征（胜任力）提取出来，整理成“所需的人才形象”，并将其作为模型的方法。

然而，仅仅依靠胜任力模型这种将人类抽象化、将理论与现实相结合的方法是无法培养人才的。因为胜任力模型既看不见，也触摸不到。而且最重要的是，在领导者和成员之间存在着一种能够通过身体间性来建立交互主体性的关系。

这种关系一般指的是“学徒制”。

在美国的情况也是如此，因担任众多知名企业的管理顾问而出名的世界级管理咨询大师拉姆·查兰围绕“高管候选人是如何培养的”这一问题，在通用电气（GE）、宝洁（P&G）等优秀企业中开展了调查，他发现这些企业都采用了学徒制，也就是所谓的学徒（apprenticeship）模式。给予其超出本人能力的考验，在导师（建议者、指导者）的反馈过程中培养出人才。

过去在日本企业，上司和前辈之间也会做同样的事情。职场中就有活生生的例子，人们在共同体验的过程中，将管理方法传承了下来。传承者和被传承者都没有意识到这一点，因为身体间性本来就是无意识的，不一定要以语言为媒介，通过身体也能产生共鸣。

现在，我们应该再一次重新审视学徒制所象征的身体性的共享。而且，在职场中，我们应该重新正视身体性。例如，ecute 的镰田女士于 2008 年从 JR 东日本车站零售公司回到了 JR 东日本的事业创造本部，包括现任社长在内、负责 ecute 运营的每一个员工都和镰田女士一起亲历过现场，在地狱般的 MD 会议上，一边遇到接连不断的失败提案，一边接受熏陶。

旭山动物园的小菅先生也在 2009 年退休了，但是继任的坂东元园长是在动物园面临关闭危机后，和他一起讨论“理想的动物园”，一起创造“传递生命的动物园”的梦想以及描绘这一梦想草图的同伴。

领导者个人所拥有的实践知识，通过每天的实践、传承和培养，就会在组织和团队中形成“集体实践知识”。这样一来，无论遇到什么事，都能灵活地、创造性地、及时地应对，并且还能创建一个不会崩溃的“弹性组织”（resilient organization）。

□ 创建球体组织

这一点在形态上让人联想到了一个类似“球体”的组织。将立体图形的表面积最小化，体积最大化，就会变成球体。即使肉眼可见的表面积最小，知识也会在内部被最大限度地利用，这就是球体组织。

为了应对复杂多样的环境，组织内部也需要最小但有效的多样性。此时，作为球体的组织，因为其内部能够拥有多样的知识，拥有最小但有效的多样性，所以可以应对任何事态发展。

同时，为了确保内部持续保持多样性，每个人都要通过最少的步骤、以最快的速度、最大限度地分享知识，这一点非常重要。于是，在内部形成了高效的知识循环，创造了所有人都不得不主动做出承诺（主动参与而不是充当旁观者）的场景，提高了成功的概率。这样就产生了一个兼具创造性和效率性的自组织。

请你想象一下自己现在所处的组织或团队的形态。如果你能想象出一个球体，那么就说明组织中的每个成员都具备实践知识，并且正在以自组织的方式行动。相反，如果你觉得某些地方比较别扭或者不自然，那么就应该再次通过共享身体性来传承和培养实践知识。

*

在人类的职业伦理观中本来就隐含着追求共同善的意识，特别是在日本人的经营理念和职业道德中，这种倾向尤为明显。人们为了实现共同善而不懈努力，不断磨炼自我。日本人过去常常用“道”的概念来表现这种观念，例如武士道、商人道、匠人道等等。

这种 DNA 至今仍然在绵延流淌，当被人问道“你是谁?”“你想怎样生活?”时，每个人都会在潜意识中拥有“做善事”的想法。

在既有的环境保护行动中难以取得进展的霞浦重建活动，从一个领导者和孩子们在湖边的散步开始，发展成了一个累计动员 17 万人的重大项目，实现了戏剧性的变革，这是因为参与其中的人们拥有追求共同善的想法。于是，他们打破了纵向边界，成功地用可移动的线将不同的事物连接了起来。

ecute 刚成立的时候，年轻的团队成员在与候选商户的沟通中经常被拒绝，但他们还是像在“《101 次求婚》的世界”中那样多次登门拜访，反复劝说对方，并提出了开发新产品的要求。他们之所以做出这一系列行为，既不单纯是源于对利益的追求，也不单纯是因为上级的命令，而是出于“做善事”的想法。

如果你现在所处的组织或团队遭到质疑，需要进行变革却迟迟无法迈出第一步，那么请在现场和团队成员们一起实践本书共 6 个章节中所介绍的知识方法。如果能一边行动一边深入思考，不断地积累实践知识，就会在现场产生场景，形成集体实践知识，从而使组织转变为一个能够灵活且坚定实施变革的组织。

本书介绍的事例有“动物园的奇迹”“堀川的奇迹”“人口稀

少城镇的奇迹”“银座的奇迹”等等，它们很多都被称为奇迹或奇迹般的事件。所谓奇迹，原本是指超越人类力量和自然现象的事件，但现实中的经营管理却是指由人类创造的奇迹现象。

不过，将迄今为止在世界范围内普遍应用的经营理念视为科学的美国式思考方式，确实无法创造奇迹。把一切事物定量化、对象化，在经过分析之后推导出逻辑正确的答案，如果人们使用的是这种方法，那么丰田就开发不出 iQ，树叶就不会变成金钱，蜜蜂也不会在银座的天空中飞舞。

从另一方面看，经营是一种知识创造，是新知识的涌现，如果人们抱有这样的想法，就会看到不同的景象。

人类在各种各样的关系中，每一次都会做出最佳判断，采取行动，从而创造新的知识。同样的事情不会重复发生。这属于艺术的世界。

在东京品川区的中延商业街，“街道接待员”是将老年人的生活支援和地区经济振兴结合起来所创建的一种作为盈利机制的商业模式，它仅靠科学的逻辑分析是无法推导出来的，是一种由艺术思维引发的区域创新。

通过发现重度身心障碍者身上的“内在生产力”，选出亚洲杂货店的招牌女服务员，让顾客将商品的标签贴在其本人握住的条形码读取器上，这种顾客参与型的商业模式是在艺术的世界中才能产生的、支援残障者的创新。

虽然在经营管理中也需要科学性，但在过去一直偏重于科学的领域，也许现在应该更加重视经营的艺术性，而这也可能会带来“奇迹般”的创新。

作者野中在大约40年前刚任研究员的时候，实际上也倾向于“经营是科学的”这一观点，特别是受到了现代管理学先驱赫伯特·亚历山大·西蒙（时任美国卡内基梅隆大学教授、诺贝尔经济学奖获得者）的强烈影响。西蒙认为人类的信息处理能力是有限的，所以完全理性是不存在的，只能做到有限范围内的理性；他提出了“有限理性”的概念，并试图构建关于人类信息处理能力的科学模型。

后来，野中研究了日本企业的新产品开发模式，并在论文中将其比喻为橄榄球运动，在整理前文提及的这篇论文时，他意识到了经营管理既是科学也是艺术。这也是他告别西蒙理论，将研究理念从信息处理转向信息创造，进而转向知识创造的转折点。

以这篇论文为起点，如今在处于创新最前沿的软件开发领域，兼顾IT和身体性的敏捷开发模式引起了人们的关注。

人的能力是有限的。我们应该意识到，通过领导者的自我超越和成员们的共同创造来突破局限的创新过程正是我们现在所需要的，而这恰恰是日本的看家本领，融在了他们的DNA之中。

另外，还有一件事也非常重要，那就是向世界传递信息。举个例子，现在在欧美国家，关于智慧城市的争论正在迅速升温。所谓智慧城市，是指利用智能电网技术（从供给侧和需求侧两方面控制电力流动，实现效率最大化的新一代电网），使整个城市的能源结构更加高效、环境负担更轻的新一代城市建设构想。

但是，当野中听闻讨论的内容时，他觉得他们的视角和关注点都太过侧重于IT领域。smart的本义是“智慧”，如果想要追求真正的智慧，在灵活运用IT技术的同时，必须具备无限接近人类的视角，必须推进IT技术和人性化的身体性、数字和模拟的融合。

此外，如果将我们所处的环境视为一个多种知识结合起来，产生新事件、创造新知识的“知识生态系统”，那么为了打造智慧城市，就需要将各种各样的利益相关者连接起来。为此，具有实践知识的知识生产者是不可或缺的存在。

事件思维原本就扎根于日本的土地之中，在这种情况下，应该关注事物相关性的事件思维是如何将IT与人性化、数字与模拟相结合的模式推向世界，培养出具有实践知识的领导者的。

为了让看似正在失去活力的日本重新焕发生机，我们必须挖掘我们原有的实践创新智慧，同时最重要的是，我们需要向世界展示“日本人就在这里”的气概。在日本失去活力的时期，人们明显倾向于重视分析的物质思维方式。然而现在，从那里再次回到事件思维方式、洞察事物相关性的时刻已经到来。

从根源上讲，智慧是一种基于经验的身体知识。我们需要通过实践来体现创新的智慧，并通过身体间性将其嵌入组织之中。在将身体和精神分开的欧美传统思维方式中，这是不可能实现的。将创新嵌入组织，持续打磨创新的表现形式（embodied innovation），这就是一个具有实践知识的领导者最大的作用。

参考文献

野中郁次郎. 知识创造的经营［M］. 东京：日本经济新闻社，1990.

野中郁次郎，竹内弘高. 创造知识的企业［M］. 东京：东洋经济新报社，1996.

野中郁次郎，绀野登. 创造知识的方法论［M］. 东京：东洋经济新报社，2003.

野中郁次郎，胜见明. 创新的本质［M］. 东京：日经 BP 社，2004.

野中郁次郎，户部良一，镰田伸一，寺本义也，杉之尾宜生，村井友秀. 战略的本质［M］. 东京：日本经济新闻社，2005.

野中郁次郎，绀野登. 美德的经营［M］. 东京：NTT 出版，2007.

野中郁次郎，胜见明. 创新的做法［M］. 东京：日经商业文学人文库，2009.

野中郁次郎，远山亮子，平田透. 经营潮流［M］. 东京：东洋经济新报社，2010.

I. Nonaka，R. Toyama，T. Hirata. Managing Flow：A Process Theory of knowledge-Based Firm [M]. New York：Palgrave Macmillan，2008.

胜见明. 胆识的经营 [M]. 东京：三笠书房，2008.

木村敏. 时间与自我 [M]. 东京：中公新书，1982.

木村敏. 对心理病理的思考 [M]. 东京：岩波新书，1994.

中村升. 怀海特的哲学 [M]. 东京：讲谈社选书技巧，2007.

野内良三. 从“偶然”解读日本文化 [M]. 东京：大修馆书店，2010.